KB045150

한권 한달 완성
스페인어 말하기
Lv. 2

한권 한달 완성
스페인어 말하기 Lv. 2

초판 1쇄 발행 2024년 8월 27일

지은이 이세미
펴낸곳 (주)에스제이더블유인터내셔널
펴낸이 양홍걸 이시원

홈페이지 www.siwonschool.com
주소 서울시 영등포구 영신로 166 시원스쿨
교재 구입 문의 02)2014-8151
고객센터 02)6409-0878

ISBN 979-11-6150-881-8 13770
Number 1-511104-26269921-09

한권 한달 완성
스페인어 말하기 Lv. 2

이세미(Semi) 지음

SIWON
SCHOOL
SPANISH

S 시원스쿨닷컴

이
세
미

¡Hola, chicos! 올라 치꼬쓰!

안녕하세요, 여러분!

스페인어를 배우기로 결심하신 여러분, 환영합니다.

학생분들이 저에게 가장 궁금해하시는 것이 스페인어와 저의 인연이에요. 현지에서 유년 시절을 보낸 것도, 대학교에서 전공한 것도 아닌데 어떻게 스페인어를 만나 가르치는 일까지 하게 되었냐고 의아해하는 분들이 많더라고요. 저도 이 글을 읽고 계신 대다수의 여러분과 같아요. 여행을 위해 배우기 시작했어요.

대학 시절 혼자 중남미 여행을 떠나려는데 그곳에서는 영어가 다른 나라만큼 통용되지 않는다는 이야기에 바로 강남의 한 스페인어 학원에 등록했어요. 그렇게 한두 달 정도 배우고 자신감에 차 콜롬비아에 도착했는데, 웬걸, 현지인들이 얼마나 말이 빠르던지 하나도 알아듣지 못하겠더라고요. 그런데 그들의 친화력도 말만큼 빠르지 뭐예요. 다니는 지역마다 스페인어도 못하는 저를 온 마음으로 도와주는 사람들을 보고 다짐했어요. 이 언어는 꼭 해내고야 말겠다! 그 여행은 원래 90일짜리였으나 어학원, 대학교 어학당 등을 다니며 스페인어를 배우느라 500일로 늘어났어요.

그 이후로 10년이 지났네요. 10년 동안 스페인어를 꾸준히 배우고 가르치기도 하면서 저는 한국인이 배우고 싶어 하는 스페인어 그리고 우리가 어려워하는 스페인어를 알게 되었어요.

저도 이 책을 구매한 여러분처럼 알파벳부터 배웠으니 어느 부분을 어려워할지, 어디에서 답답함을 느낄지 안다고 자부할 수 있어요. 그래서 이 교재는 한국인의 눈높이에 맞추어 최대한 깔끔한 설명과 함께 이해하기 쉽도록 만들었습니다.

또한 이 책은 실용성에 초점을 맞추고 내용을 구성했어요. 가벼운 마음으로 스페인어를 배우려고 했는데 막상 장황한 문법 설명으로 가득찬 교재를 보고 지레 겁을 먹은 경험, 여러분도 있으시죠? 그래서 〈한권 한달 완성 스페인어〉 교재에서는 이런 것들은 최소화했습니다. 백과사전처럼 빽빽한 설명은 빼고 초보자를 위한 생활 속 '진짜 회화'를 최대한 담아냈어요.

덧붙여 매 과는 효율적인 학습을 위한 순서로 구성되어 있어요. 첫 페이지에서 제목과 배우게 될 내용을 먼저 확인한 후, 해당 과에서 반드시 기억해야 할 문장들도 오늘의 미션을 통해 먼저 훑어보세요. 그 다음에 오늘의 회화를 통해 가벼운 대화를 읽고 외워보세요. 유용한 표현이 많아 이 부분만 잘 익혀 두면 회화는 두렵지 않을 거예요. 물론 오늘의 회화에 쓰인 문법은 오늘의 핵심 표현에서 학습할 수 있습니다. 보기 쉽게 정리된 표로 꼭 알아야 할 문법만 쏙쏙 뽑아 정리해 두었어요. 다양한 응용 예문과 함께 공부한 후, 오늘의 Plus+ 실전 회화에서 더 다양한 대화문으로 회화 실력을 업그레이드할 수 있어요.

게다가 '내가 잘 이해한 것이 맞나?'라는 의심이 든다면 연습문제를 통해 확인하고 내 것으로 만들 수도 있죠. 부담스럽지 않은 양으로 매 과를 마치는데 오랜 시간 걸리지 않아 성취감도 느낄 수 있을 거예요. 마지막으로 쉬어가기에서 스페인의 여러 가지 문화와 다양한 여행 팁도 얻어가고, 다양한 퀴즈를 통해 어휘 실력도 더 키워 보세요.

스페인어를 배우기로 결심하고 이 교재를 구매한 것만 해도 아주 멋진 일이에요. 시작이 반이라는 말도 있으니까요. 하지만 작심삼일이라는 말도 있죠? 여러분의 책장에도 하루 이틀 보다가 그만둔 책들이 있을 거예요. 이왕 배우기로 마음먹은 거 30일 동안, 딱 한 달만 꾸준히 펼쳐 주세요. 하면 할수록 더 재밌을 거라 장담합니다. 그리고 이 책을 마친 후 새로운 언어를 하나 더 할 수 있게 된 대단한 여러분들 상상해 보세요. 두근거리고 설레지 않나요?

자, 그럼 시작해 봅시다. 저도 여러분을 온 마음 다해 응원하겠습니다!

이 책의 구성과 특징

오늘의 주제

해당 Capítulo에서 배우게 될 내용을 먼저 확인하면서 스페인 어 학습을 준비해 볼까요? 각 Capítulo에서 반드시 기억해야 할 문장들도 오늘의 미션에서 먼저 확인한 후, 여러분이 배우 게 될 스페인어 문장들도 미리 예상해 보세요!

오늘의 회화

일상생활에서 자주 쓰이는 표현을 익히고 기초 회화 실력을 탄 탄하게 쌓는 코너입니다. 먼저 대화문에서 각 Capítulo의 핵 심 문장을 눈으로 읽고, 세미 선생님이 알려주는 스페인어 회 화 팁을 회화 포인트에서 확인해 보세요.

오늘의 핵심 표현

스페인어 문법, 어렵지 않아요! 보기 쉽게 정리된 표로 꼭 알아 야 할 문법만 알려드립니다. 다양한 응용 예문을 따라 읽다보 면 어느새 스페인어 기초 문형을 마스터하게 될 거예요. 헷갈 리기 쉬운 부분은 ⚑iOJO! 에서 한번 더 짚어 드려요!

오늘의 Plus+ 실전 회화

실제 대화 상황에 대비할 수 있도록 각 Capítulo의 주요 문형 으로 다양한 회화문을 구성하였습니다. 네이티브 성우가 녹음 한 MP3를 듣고, 자연스러운 회화 톤을 살려 말하는 연습을 해 보세요. 이것만은 꼭! 에서 해당 과의 미션 문장을 확인해 보는 것도 잊지 마세요!

오늘의 연습문제

각 Capítulo에서 다룬 핵심 어휘와 문형에 대한 이해도를 점검하는 연습문제를 제공합니다. 제시된 문제에 적절한 답을 찾는 과정을 통해 스스로 얼마나 완벽하게 학습 내용을 이해했는지 확인해 보세요.

쉬어가기

스페인어권 국가들의 여러 가지 문화를 접하고, 여행 팁도 얻을 수 있는 코너입니다. 그리고 여러분의 스페인어 수준을 한층 높여줄 추가 어휘와 다양한 퀴즈까지 제공하니, 재미와 실력을 동시에 챙겨 보세요.

미션 문장 쓰기 노트, 필수 동사 변화표

본 교재에서 다룬 미션 문장과 필수 동사 변화표를 PDF로 제공합니다. 배운 내용을 PDF로 복습하면서 스페인어 실력을 탄탄하게 다져보세요.

원어민 성우 무료 MP3 파일

원어민 성우의 정확한 발음을 듣고 따라하며 본 교재의 내용을 반복 연습할 수 있도록 무료 MP3 파일을 제공합니다.

저자 직강 동영상 강의

독학을 위한 저자 직강 유료 동영상 강의와 말하기 트레이닝 무료 강의를 제공합니다.

* 저자 직강 유료 동영상 강의는 spain.siwonschool.com에서 확인하세요.

차례

Capítulo 01

Soy yo.
저예요.

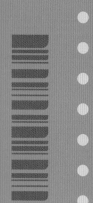

오늘의 주제

✓ ser 동사 복습 / 활용

오늘의 미션

✓ 저예요! 나야!
✓ 나는 한식파야.
✓ 나는 나가는 것을 많이 좋아하지 않아.

MP3 전체 듣기

¿Quién es? ¿Eres tú, Javier?

 ¿Javier? ¿Quién es Javier? ¡Soy yo! ¡Tu novio, David!

 Ay, cariño, siempre llegas tarde.

 Oye, ¿quién es Javier? Yo no te comparto, ¿eh?

F 누구세요? 너야, 하비에르?
M 하비에르? 하비에르가 누구야? 나야! 네 남자친구, 다빋!
F 아, 자기야, 자기는 항상 늦네.
M 근데 하비에르가 누구야? 난 너 공유하지 않는다?

어휘	
□ el cariño 애정	□ tarde 늦게
□ siempre 항상	□ a veces 가끔

 회화 포인트

호칭으로도 사용하는 cariño는 남성명사이기 때문에 여자를 부르는 경우도 cariña가 아닌 cariño라고 하니 주의하세요!

오늘의 핵심 표현

1 ser 동사 현재시제 변형 복습

	ser
yo	soy
tú	eres
él/ella/usted	es
nosotros/as	somos
vosotros/as	sois
ellos/ellas/ustedes	son

2 ser 동사로 이름 / 직업 / 국적 / 외모 / 성격 말하기

¡Hola!
안녕!

Soy Carla. Encantada.
나는 까를라야. 반가워.

Soy estudiante y vivo en Corea.
나는 학생이고 한국에 살아.

Pero no soy coreana. Soy de España.
그런데 나는 한국인이 아니야. 나는 스페인 출신이야.

Soy muy guapa y buena. Pero a veces soy mala. Jejeje.
나는 매우 예쁘고 착해. 근데 가끔은 나빠. ㅎㅎㅎ

2 ser de 동사원형/명사

ser 동사와 전치사 de의 조합으로 '~를 좋아하는 사람이다, ~편이다, ~파다'라는 문장을 만들 수 있어요.

> **주어 + ser 동사 + de + 명사**

(Yo) soy de pizza.
나는 피자를 좋아해.

Mi novio no es muy de fútbol.
내 남자친구는 축구를 많이 좋아하지 않아.

(Yo) soy mucho/muy de comida coreana.
나는 매우 한식파야.

📍¡OJO! 위 구문에 '매우, 많이'를 추가하고 싶을 때는 mucho 또는 muy 둘 다 사용 가능해요.

> **주어 + ser 동사 + de + 동사원형**

(Yo) soy de salir.
나는 나가는 것을 좋아해.

(Yo) soy mucho de estar en casa.
난 집에 있는 것을 많이 좋아해.

Mi madre no es mucho de hablar.
우리 엄마는 수다스럽지 않으셔.

회화⁺문1

¡Golazo! Puff. Suarez es buenísimo.

골! 와. 수아레즈 너무 잘해.

Es Suarez. Pero, ¿tú ves fútbol?

수아레즈잖아. 근데 너 축구 봐?

Claro. Soy mucho de fútbol. Veo todos los partidos.

당연하지. 나 축구 완전 좋아해. 모든 경기를 봐.

Ya veo. Yo soy más de béisbol.

그런 것 같네. 나는 야구를 더 좋아해.

- □ golazo 멋진 골
- □ el partido 경기
- □ ya veo 그런 것 같네(I see)
- □ necesitar 필요하다

- □ claro 물론, 당연하지
- □ el béisbol 야구
- □ dar una vuelta 한바퀴 돌다/산책하다/드라이브하다
- □ caminar 걷다

¿Salimos? Damos una vuelta.

나갈까? 한 바퀴 돌자.

No, cariño. Estoy muy llena.

아니야, 자기야. 나 너무 배불러.

¡Sí, por eso! Necesitamos caminar un poco.

응, 그러니까! 우리는 좀 걸어야 해.

No... Sabes que no soy de caminar...

아니야... 걷는 거 내 스타일 아닌 거 알잖아...

이것만은 꼭!

★ 저예요! 나야!

　¡Soy yo!

★ 나는 한식파야.

　Soy mucho/muy de comida coreana.

★ 나는 나가는 것을 많이 좋아하지 않아.

　No soy mucho/muy de salir.

오늘의 연습문제

1 다음 문장의 빈칸에 ser 동사 현재시제 변형을 적으세요.

❶ ¿De dónde ______________ María?

❷ María y Eva ______________ muy malas.

❸ ¿Ustedes ______________ María y Eva?

2 한국어 뜻을 참고하여 다음 빈칸을 스페인어로 채우세요.

❶ 나는 집에 있는 편이야. Soy de ______________ en casa.

❷ 너는 매우 한식파네! ¡Eres muy de ______________coreana!

3 다음 한국어 문장들을 스페인어로 바꾸세요.

❶ 나야. ▶ ______________

❷ 너야? ▶ ______________

정답 p.252

문화 Plus

스페인어를 사용하는 다양한 국가들

스페인어는 전 세계적으로 20개국에서 공식 언어로 쓰이고 있는데, 그중 대부분이 중남미에 위치해 있어요. 다양한 나라에서 사용되는 만큼 중남미에서 사용하는 스페인어는 각 나라별로 독특한 특징을 가지고 있어요. 그 중 몇 가지를 소개할게요!

먼저 멕시코! 멕시코 스페인어는 명확하고 천천히 말하는 경향이 있어요. 특히 멕시코 사람들은 구어체를 많이 사용하는데, '¡Qué padre!(정말 멋져!)', '¡Órale!(와, 대단해!)'와 같은 표현들이 있어요. 또, 다양한 원주민 언어의 영향을 받아 독특한 어휘도 많아요.

다음으로 아르헨티나에서 사용하는 스페인어는 'voseo'라고 불리는 문법적 특징이 있는데, 이는 'tú' 대신 'vos'를 쓰는 거예요. 또, 'll'과 'y'를 'sh' 또는 'zh'로 발음해요. 이탈리아 이민자의 영향으로 독특한 리듬과 억양도 갖고 있답니다.

커피로 유명한 나라인 콜롬비아도 살펴볼까요? 콜롬비아 스페인어는 명확하고 표준적인 발음으로 유명해요. 특히 보고타와 같은 안데스 지역에서는 중립적인 억양을 사용해 다른 스페인어 사용자들도 이해하기 쉽답니다. 또, 'usted'를 일상 대화에서도 많이 사용하는 편이에요.

마지막으로 칠레 스페인어는 빠르고 독특한 억양을 가지고 있으며, 말 끝에 'po'를 붙이는 특징이 있어요. 예를 들어 'sí'는 'sí, po'가 되죠. 또, 칠레 사람들은 줄임말과 속어를 많이 사용해서 이해하기 어려울 수 있어요.

이처럼 중남미 각국의 스페인어는 고유한 억양과 표현, 문화적 배경을 반영하고 있어요. 이 차이점을 이해하고 배운다면 스페인어가 훨씬 재미있게 다가올 거예요!

Capítulo

02

¿Estamos?

우리 문제 없지?

📑 오늘의 주제

✓ estar 동사 복습 / 활용

📑 오늘의 미션

✓ 나는 동의해.
✓ 우리 휴가 중이야.
✓ 한국에서 스페인어 배우는 게 유행이야.

MP3 전체 듣기

오늘의 회화

 ¿Qué? ¿Vamos a Vietnam? **No estoy de acuerdo.**

 ¿Por qué no? Además, yo pago todo. ¿Estamos?

 ¿Sabes qué? ¡Viajar a Vietnam está de moda!

 Ahora, sí. ¡Va a valer la pena!

F 뭐? 우리 베트남 가자고? 난 동의하지 않아.
M 왜 동의하지 않아? 게다가 내가 다 내. 오케이?
F 그거 알아? 베트남으로 여행가는 것이 유행이야!
M 그렇지. 가치가 있을 거야!

어휘

☐ las vacaciones 휴가
☐ además 게다가
☐ pagar 지불하다
☐ así que 그래서

회화 포인트

Estar de acuerdo.는 '동의한다'라는 표현이지만 동사를 빼고 'de acuerdo.'라고 하면 'vale, okey'처럼 '알겠어요.'라는 표현이 돼요.

오늘의 핵심 표현

1 estar 동사 현재시제 변형 복습

	estar
yo	estoy
tú	estás
él/ella/usted	está
nosotros/as	estamos
vosotros/as	estáis
ellos/ellas/ustedes	están

2 estar 동사로 기분 / 상태 / 위치 말하기

Cariño, soy yo.
자기야, 나야.

Oye, hoy estoy un poco deprimido.
얘, 나 오늘 조금 우울해.

Además, estoy cansado.
게다가 피곤해.

Así que no voy al trabajo.
그래서 출근 안 해.

¿Estás en casa? ¿Dónde estás?
너는 집이야? 어디야?

3 estar de 명사

'estar de 명사'의 조합으로 '~중이다.'라는 구문을 만들 수 있어요. 우리는 가장 많이 쓰는 네 가지 조합을 살펴봐요.

> **주어 + estar 동사 + de + 명사**

❶ **estar de vacaciones : 휴가 중이다**

¿Estás de vacaciones?	너는 휴가 중이야?
Sí, estoy de vacaciones.	응, 나는 휴가 중이야.

❷ **estar de camino : 가는 중이다**

¿Estás cerca?	너는 근처야?
Sí, estoy de camino.	응, 나는 가는 중이야.

❸ **estar de moda : 유행이다**

Manolo está soltero.	마놀로는 솔로야.
Estar soltero está de moda.	솔로인게 유행 중이야.

❹ **estar de acuerdo : 동의하다**

¿Estáis de acuerdo?	너희는 동의해?
No estamos de acuerdo.	우리는 동의하지 않아.

¡OJO! estar de 뒤에 아무 명사나 다 올 수 있는 것은 아니니 구문을 볼 때 마다 학습하세요!

오늘의 Plus⁺ 실전 회화

¿Qué tal? ¿Todo bien?
잘 지내? 다 괜찮아?

Sí, todo bien. Estoy de camino a casa.
응, 다 괜찮아. 난 집에 가는 중이야.

¿Y Jimena? ¿Está bien?
히메나는? 괜찮아?

Sí. Ahora está de vacaciones. Está en Italia.
응. 지금 휴가 중이야. 이탈리아에 있어.

Así que no quieres limpiar la casa.

그러니까 너 집 청소하기 싫다는거지.

Yo limpio los platos y tú limpias la casa. ¿De acuerdo?

나는 설거지하고 너는 집 청소하고. 알았지?

Vale. ¿Y quién saca la basura?

알았어. 그리고 누가 쓰레기 버려?

Bueno, yo saco la basura. ¿Estamos?

음, 내가 쓰레기 버릴게. 됐지?

이것만은 꼭!

★ 나는 동의해.

Estoy de acuerdo.

★ 우리 휴가 중이야.

Estamos de vacaciones.

★ 한국에서 스페인어 배우는 게 유행이야.

En Corea aprender español está de moda.

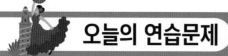

1 다음 중 현재시제 동사변형이 <u>잘못된</u> 문장을 고르세요.

❶ Ariel y yo estamos en un restaurante.

❷ Ariel y Javier estáis ocupados.

❸ Ariel y tú no estáis bien.

❹ ¿Cómo está usted?

2 다음 어휘의 뜻을 한국어로 적으세요.

❶ además   ▶ _____

❷ así que   ▶ _____

3 다음 한국어 문장들을 스페인어로 바꾸세요.

❶ 나는 휴가 중이야.

▶ _____

❷ 나는 가는 중이야.

▶ _____

❸ 나는 동의해.

▶ _____

정답 p.252

스페인어로 다양한 국가명과 국적 형용사를 말해 보세요.

국가	명사	형용사(남성)	형용사(여성)
대한민국	**Corea**	coreano	coreana
스페인	**España**	español	española
멕시코	**México**	mexicano	mexicana
아르헨티나	**Argentina**	argentino	argentina
미국	**Estados Unidos**	estadounidense	estadounidense
중국	**China**	chino	china
일본	**Japón**	japonés	japonesa
프랑스	**Francia**	francés	francesa
독일	**Alemania**	alemán	alemana
이탈리아	**Italia**	italiano	italiana

¡OJO! 국가 명사는 대문자로, 형용사는 소문자로 시작하는 것을 기억하세요.

Soy de México.

Soy español.

Capítulo

03

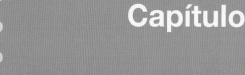

No hay problema.

문제 없어요.

오늘의 주제

- ✓ hay 동사 – 존재 유무
- ✓ 형용사 mucho
- ✓ 숫자 0~10

오늘의 미션

- ✓ 문제 없어요.
- ✓ 사람 많다.
- ✓ 여기 와이파이 있어요?

MP3 전체 듣기

Madre mía, ¡hay mucha gente aquí!
Vamos a pagar y salimos.

 No, no, no. Ahí hay una chica muy guapa.

 ¿Y? ¡Aquí está muy lleno!

 Voy a hablar con ella.
¡Dos copas de vino más, por favor!

F 헐, 여기 사람 정말 많다. 돈 내고 나가자.
M 아니야. 저기 엄청 예쁜 여자가 한 명 있어.
F 그래서? 여기 미어 터져!
M 나 그녀랑 말해볼 거야. 와인 두 잔 더 주세요!

어휘	□ el dinero 돈	□ la cucaracha 바퀴벌레
	□ la copa 잔, 컵	□ la gente 사람들

 회화 포인트

lleno는 '가득 찬' 뿐만 아니라 '배부른'이라는 뜻도 있었죠? 또한 어떤 공간이 가득 차, 미어터진다고 얘기할 때는 스페인에서 petado라는 형용사를 쓰기도 해요. 'Aquí está petado. 여기 미어터진다.'

1 haber 동사

'~가 있다/없다'의 뜻을 가진 동사로 주어 없이 동사 뒤 목적어를 넣어 사용해요. 주어가 없기 때문에 인칭별 동사 변형도 없어 현재시제에서는 항상 'hay'라고만 사용해요. Haber 동사 목적어와 함께 나올 수 있는 어휘들을 살펴봐요.

hay ~가 있다 ➕	부정관사	Hay una cucaracha. 바퀴벌레가 한 마리 있어요. Hay unas cucarachas. 바퀴벌레가 몇 마리 있어요.
	수량형용사	Hay dos camas. 침대가 두 개 있어요. Hay muchos turistas. 관광객이 많이 있어요.
	무관사	Hay copas. 컵들이 있어요. ¿Hay wifi aquí? 여기 와이파이 있어요? No hay problema. 문제 없어요.

📍¡OJO! Hay 동사의 목적어로 인칭대명사, 고유명사, 정관사, 소유형용사, 지시형용사는 나올 수 없어요.

인칭대명사	내가 있어요. Hay yo. (X) ▶ Estoy yo.
고유명사	세미 있어요? ¿Hay Semi? (X) ▶ ¿Está Semi?
정관사	그 컵이 있어요. Hay la copa. (X) ▶ Está la copa.
소유형용사	내 컵이 있어요. Hay mi copa. (X) ▶ Está mi copa.
지시형용사	이 컵이 있어요. Hay esta copa. (X) ▶ Está esta copa.

2 형용사 mucho

형용사 mucho가 명사를 꾸며 줄 때는 항상 명사 앞에 위치하며 명사의 성에 따라 아래 표처럼 네 가지로 형태를 바꿔줘요. 또한 명사가 셀 수 없는 단어일 때는 단수형으로 써 줘요.

mucho	mucho dinero	많은 돈
mucha	mucha gente	많은 사람들
muchos	muchos amigos	많은 친구들
muchas	muchas playas	많은 해변들

¡OJO! La gente, 사람들은 셀 수 없는 명사예요.

3 숫자 0~10

0	cero		
1	uno	6	seis
2	dos	7	siete
3	tres	8	ocho
4	cuatro	9	nueve
5	cinco	10	diez

¡Hay una cucaracha aquí!

여기 바퀴벌레 한 마리 있어!

Tranquila. No pasa nada.

침착해. 아무 일 없어.

¿Estás loco? No voy a comer aquí. Vamos a salir.

너 미쳤어? 나 여기서 안 먹을 거야. 나가자.

Ay, vale. ¿A dónde vamos?

아이, 알았어. 우리 어디 가?

□ suficiente 충분한   □ barato 저렴한

□ la patata 감자   □ la cebolla 양파

Puff. Está carísimo. No tengo suficiente dinero.

아우. 엄청 비싸네요. 전 충분한 돈이 없어요.

Bueno, hay platos baratos también.

음, 저렴한 음식들도 있어요.

Pues... Entonces esto. Una tortilla de patatas, por favor. Pero sin cebolla.

음... 그럼 이거. 또르띠야 데 빠따따스 하나, 주세요. 그런데 양파 빼고요.

Vale. No hay problema.

알겠어요. 문제 없어요.

이것만은 꼭!

★ 문제 없어요.

  No hay problema.

★ 사람 많다.

  Hay mucha gente.

★ 여기 와이파이 있어요?

  ¿Hay wifi aquí?

오늘의 연습문제

1 다음 한국어 문장을 스페인어로 바꾸세요.

❶ 문제 없어요.

▶ _____

❷ 와이파이 있어요?

▶ _____

2 형용사 mucho를 활용해 다음 한국어 표현을 스페인어로 바꾸세요.

❶ 많은 사람들　　　　　　　　　　　　▶ _____

❷ 많은 한국인들　　　　　　　　　　　　▶ _____

3 다음 숫자를 보기처럼 스페인어로 바꾸세요.

보기	4 → <u>cuatro</u>

❶ 5　　　　　　　　　　　　　　　　　▶ _____

❷ 6　　　　　　　　　　　　　　　　　▶ _____

❸ 7　　　　　　　　　　　　　　　　　▶ _____

정답 p.252

34　한권 한달 완성 스페인어 말하기 Lv.2

실력 Plus

🎯 제시된 우리말을 참고하여, 낱말 퍼즐 안에 숨어있는 10가지 단어를 찾아보세요.

J	P	C	G	B	R	C	O	P	A
P	B	W	A	K	J	M	V	D	N
A	V	N	A	R	Y	H	V	I	E
G	G	H	G	E	I	E	S	N	C
A	O	B	X	L	M	Ñ	P	E	E
R	L	A	E	U	K	Q	O	R	S
P	A	R	T	I	D	O	M	O	I
B	Z	A	C	A	O	M	P	E	T
J	O	T	A	D	E	M	Á	S	A
O	E	O	L	I	M	P	I	A	R

❶ 애정	❻ 게다가
❷ 멋진 골	❼ 청소하다/닦다
❸ 경기	❽ 돈
❹ 필요하다	❾ 잔, 컵
❺ 지불하다	❿ 저렴한

정답 p.257

Capítulo **04**

Hay que trabajar.
일 해야지.

🔖 오늘의 주제

- ✓ hay 동사 – 의무 표현
- ✓ 빈도 말하기
- ✓ hay 동사와 빈도 표현 활용하기

🔖 오늘의 미션

- ✓ 현금으로 결제해야 해.
- ✓ 울지 않아도 돼.
- ✓ 일 년에 한 번 여행해야 해.

MP3 전체 듣기

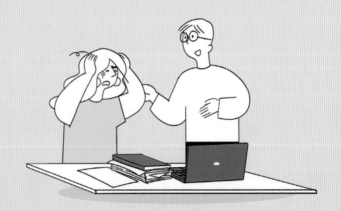

Mañana trabajo.
Hay que trabajar mucho para pagar todo.

 ¡Qué dices! Mañana es sábado.
Cariño, hay que descansar.

 Estoy loca, ¿no? Vale, mañana hacemos algo divertido.

 Genial. Uy, ¡estoy muy emocionado!

F 나 내일 일 해. 다 내기 위해서 일을 많이 해야 해.
M 무슨 소리야! 내일 토요일이야. 자기야, 쉬어야 해.
F 나 미쳤지? 좋아, 내일 뭔가 재밌는 거 하자.
M 훌륭해. 어우, 나 너무 설렌다!

어휘

☐ en efectivo 현금으로
☐ llorar 울다

☐ a menudo 자주
☐ descansar 쉬다

 회화 포인트

그 요일에 하는 일을 이야기할 때는 요일 앞에 정관사를 넣지만 '오늘, 내일' 등 그 날이 무슨 요일인지를 이야기할 때는 정관사를 넣지 않아요.

예) Te veo el lunes. (월요일에 보자.)
　　Hoy es lunes. (오늘 월요일이에요.)

오늘의 핵심 표현

① hay 동사 의무 표현 : ~해야 한다

haber 동사의 현재시제 변형 hay는 '~가 있다'라고 해석하지만 그 뒤에 que와 동사원형을 순서대로 넣으면 '~해야 한다'라는 표현이 돼요. 주어 없이 모두가, 누구나 해야 하는 것들을 이야기할 때 사용하는 구문이에요. 부정문의 경우는 '~할 필요 없다, ~하지 않아도 된다'라는 뜻이에요.

> **Hay que + 동사원형**

Hay que pagar en efectivo.	현금으로 결제해야 해.
Hay que hacer ejercicio a menudo.	자주 운동해야 해.
¿No hay que reservar?	예약하지 않아도 돼?
No hay que llorar.	울지 않아도 돼.

② 빈도 말하기

정확한 빈도를 이야기할 때는 아래 표를 활용해요. 한국어와는 순서가 반대니까 어순에 주의하세요.

숫자 (uno, dos, tres …)	vez/es hora/s día/s semana/s mes/es año/s	⊕	por ~당, ~에	hora día semana mes año

una vez por hora	한 시간에 한 번
una hora por día	하루에 한 시간

un día por semana   일주일에 하루

una semana por mes   한 달에 일주일

¡OJO! 1. la vez는 여성 명사로 '한 번'은 un vez 아닌 una vez예요.
2. z로 끝나는 명사는 복수형 변형 시 z 빼고 ces를 삽입해요.
예) dos veces 두 번

Por 뒤에 오는 단위가 하나일 때는 관사나 숫자를 쓰지 않지만, 둘 이상이 되면 숫자를 써 주고 단위를 복수로 바꿔줘요.

un mes por año   일 년에 한 달

un mes por tres años   삼 년에 한 달

3 hay 동사와 빈도 표현 활용하기

> **Hay que + 동사원형 + 빈도 표현**

Hay que hacer ejercicio dos veces por semana.   일주일에 두 번 운동해야 해.

Hay que estudiar una hora por día.   하루에 한 시간 공부해야 해.

Hay que viajar una vez por año.   일 년에 한 번 여행해야 해.

Hay que descansar seis meses por año.   일 년에 여섯 달 쉬어야 해.

오늘의 Plus⁺ 실전 회화

회화·문1

Uy, ¿hay que pagar en efectivo?

앗, 현금 결제해야 해요?

Sí. Sólo aceptamos efectivo.

네. 우리는 현금만 받아요.

¡Qué problema! Sólo tengo tarjetas.

이런 문제가! 저는 오직 카드만 가지고 있어요.

Bueno, al lado del edificio hay un cajero.

음, 건물 옆에 ATM 하나 있어요.

어휘

- □ sólo 오직
- □ el edificio 건물
- □ venga 어서
- □ aceptar 받다
- □ estar de bajón 기분이 처지다
- □ tan 이렇게나/그렇게나
- □ la tarjeta 카드
- □ disfrutar 즐기다
- □ positivo 긍정적인

Estoy de bajón. No voy a salir.

나 기분이 처져. 안 나갈 거야.

¿En serio? ¡Hay que disfrutar la vida! ¡Venga, vamos!

진심이야? 인생을 즐겨야 해! 어서, 가자!

¿Por qué eres tan positiva?

너는 왜 이렇게 긍정적이야?

Amigo, ¡al mal tiempo, buena cara!

친구야, 나쁜 때는 웃는 얼굴로!

이것만은 꼭!

★ 현금으로 결제해야 해.

Hay que pagar en efectivo.

★ 울지 않아도 돼.

No hay que llorar.

★ 일 년에 한 번 여행해야 해.

Hay que viajar una vez por año.

1 한국어 의미와 그에 맞는 스페인어 동사원형을 바르게 연결하세요.

❶ 지불하다 •
           • a. descansar

❷ 쉬다 •
           • b. pagar

❸ 울다 •
           • c. llorar

2 다음 빈도 표현들을 스페인어로 바꾸세요.

❶ 일주일에 한 번

▶ _____

❷ 일 년에 한 달

▶ _____

3 다음 한국어 문장들을 스페인어로 바꾸세요.

❶ 현금 결제해야 해요.

▶ _____

❷ 울 필요 없어요.

▶ _____

정답 p.252

 쉬어가기

다양한 매력이 가득한 북미의 보석, 멕시코

멕시코는 세계에서 스페인어 사용 인구가 가장 많은 나라예요. 멕시코는 풍부한 고대 문명 유산과 활기 넘치는 문화가 어우러진 곳으로, 아름다운 해변, 맛있는 음식, 그리고 다채로운 축제들로 여행자들을 매료시키죠.

먼저 투명한 바다와 하얀 모래가 가득한 멕시코의 해변은 멋진 휴양지를 찾는 관광객들에게 아주 매력적인 곳이에요. 칸쿤(Cancún)과 같은 인기 리조트 지역에서는 세계적인 수준의 해양 스포츠와 편안한 휴양을 즐길 수 있답니다.

만약 도시의 분위기를 즐기고 싶다면 멕시코시티(Ciudad de México)의 역사적인 거리와 유적지에서 과거와 현재를 동시에 느낄 수 있어요. 또, 로맨틱한 골목과 다양한 색상의 건물들로 유명한 과나후아토 (Guanajuato)는 마치 동화 속에 들어온 듯한 느낌을 주죠.

멕시코는 맛있는 음식으로도 유명한데요, 타코 (taco)와 같은 전통 요리들은 여행자들의 입맛을 사로잡아요. 여기에 신선한 아보카도를 사용한 과카몰리(guacamole)를 곁들여 봐도 좋겠죠?

멕시코시티의 역사적인 거리부터, 칸쿤의 아름다운 리조트, 과나후아토의 로맨틱한 골목까지, 다양한 매력으로 가득한 멕시코를 즐기러 떠나 볼까요~?

멕시코 여행 TIP

멕시코시티에서 차로 5~6시간 거리에 위치한 과나후아토에서는 매일 저녁 '카예호네아다(Callejoneada)'라는 독특한 투어를 경험할 수 있어요. 스페인어로 '골목 투어'를 의미하는 이 투어는 과나후아토의 좁고 아름다운 골목길을 따라 진행됩니다. 거리의 악사와 함께 현지의 전통 음악과 노래를 들으며 이 도시의 독특한 분위기를 만끽해 보세요.

Capítulo 05

¿Qué hora es?

몇 시야?

≡ 오늘의 주제

- ✓ 숫자 11~100
- ✓ 시간 묻고 말하기

≡ 오늘의 미션

- ✓ 몇 시야?
- ✓ 한 시 십오 분이야.
- ✓ 오전 일곱 시 삼십 분이야.

MP3 전체 듣기

Ostras, ¿qué hora es? Creo que llego tarde.

 Son las once y veinte. Creo que llegas muy tarde.

 Ay, ¡qué hago! No hay taxis cerca de aquí.

 Mmm... ¿Te llevo?

F   헐, 몇 시야? 나 늦을 것 같아.
M   열한 시 이십 분이야. 너 엄청 늦은 것 같아.
F   아, 어쩌지? 이 근처에 택시 없어.
M   음... 데려다 줄까?

어휘	□ la hora 시간	□ la mañana 오전
	□ la tarde 오후	□ la noche 밤

회화 포인트

'시간이 늦었다.'는 ser 동사를 사용해서 'Es tarde.'라고 하지만, 사람이 약속 시간에 늦었다고 할 때는 ir 동사 또는 llegar 동사를 사용해요. 따라서 '나 늦었어.'는 'Voy tarde.', 'Llego tarde.'라고 합니다.

오늘의 핵심 표현

1 숫자 11~100

❶ 11~19

11	once	16	dieciséis
12	doce	17	diecisiete
13	trece	18	dieciocho
14	catorce	19	diecinueve
15	quince		

¡OJO! 십의 자리에 강세가 들어가는 숫자는 일의 자리를 세게 읽기 위해 tilde를 넣어줘요.

❷ 20~29

20	veinte	25	veinticinco
21	veintiuno	26	veintiséis
22	veintidós	27	veintisiete
23	veintitrés	28	veintiocho
24	veinticuatro	29	veintinueve

❸ 30-100

30	treinta				
40	cuarenta				
50	cincuenta				
60	sesenta				
70	setenta	➕	y	➕	일의 자리 수
80	ochenta				
90	noventa				
100	cien / ciento				

¡OJO! 자세한 100 사용법은 6과에서 살펴봐요.

2 시간 묻고 말하기

❶ 시간 묻기

¿Qué hora es?   몇 시예요?

¿Qué hora es en España?   스페인은 몇 시예요?

❷ 정각일 때

정각이라는 표현으로 en punto를 더할 수 있어요.

> **ser 동사 + la / las 숫자**

Es la una.   한 시예요.

Son las once en punto.   열한 시 정각이에요.

📍**¡OJO!** 한 시만 동사와 여성 정관사를 단수로 쓰고, 두 시부터는 복수로 사용해요.

❸ 몇 시 몇 분

> **ser 동사 + la / las 숫자 y 숫자**

Es la una y diez.   한 시 십 분이에요.

Son las dos y treinta.   두 시 삼십 분이에요.

Son las doce y cuarto.   열두 시 십오 분이에요.

📍**¡OJO!** 삼십 분은 media(반)으로, 십오 분은 cuarto(1/4)로 대체 가능해요.

❹ 오전 / 오후 / 밤

> **ser 동사 + la / las 숫자 y 숫자 + de la mañana / tarde / noche**

Son las siete y cuarenta y cinco de   오전 일곱 시 사십 오 분이에요.
la mañana.

회화문1

Así que eres de México.

그러니까 너는 멕시코 출신이라는 거지.

Sí, soy mexicano y vivo en Mérida.

응, 나는 멕시코인이고 메리다에 살아.

¡Guau! ¿Qué hora es en Mérida?

와! 메리다는 몇 시야?

Son las once y media de la noche. Es tarde, ¿no?

밤 열한 시 반이야. 늦었지?

어휘	
□ así que 그러니까	□ ya 이제/이미
□ después 이따가/나중에	

¿Ya vas a salir? Uy, ¡estás guapo!

너 이제 나갈 거야? 어멋, 너 멋지다!

Gracias. Hoy voy a ver a Martina. ¿Qué hora es?

고마워. 오늘 마르띠나 볼 거야. 몇 시야?

Es la una y cuarto. Yo voy a comer algo.

한 시 십오 분이야. 난 뭐 좀 먹을 거야.

¿Qué? Ostras, voy tarde. ¡Te veo después!

뭐? 헐, 나 늦었네. 이따가 봐!

이것만은 꼭!

★ 몇 시야?

¿Qué hora es?

★ 한 시 십오 분이야.

Es la una y quince.

★ 오전 일곱 시 삼십 분이야.

Son las siete y treinta de la mañana.

오늘의 연습문제

1 다음 숫자를 보기처럼 스페인어로 바꾸세요.

보기	23 → veintitrés

① 17

▶ _____

② 38

▶ _____

③ 94

▶ _____

2 다음 중 문법적으로 **틀린** 문장을 고르세요.

① Es la una en punto.

② Son las dos y media de la mañana.

③ Son las once y diez de la noche.

④ Son las cuarto y cuatro de la tarde.

3 다음 한국어 문장을 스페인어로 바꾸세요.

① 몇 시야?

▶ _____

② (시간이) 늦었어.

▶ _____

③ 나 늦었어.

▶ _____

정답 p.252

아래 가로 세로 낱말 퀴즈를 풀어 보세요!

세로 열쇠	가로 열쇠
❷ 감자	❶ ~후에, 뒤에
❸ 즐기다	❹ 침착한/조용한/침착해
❼ 밤	❺ 어서
	❻ 쉬다
	❽ 건물

정답 p.257

Capítulo

06

Son doscientos euros.

200유로예요.

▤ 오늘의 주제

- ✓ 숫자 101~10.000
- ✓ 가격 묻고 말하기

▤ 오늘의 미션

- ✓ 얼마예요?
- ✓ 15유로예요.
- ✓ 500달러예요.

MP3 전체 듣기

오늘의 회화

 ¡Qué bonito! ¿Cuánto vale?
¿Cómo? ¿900 euros? ¡Está caro!

 Mi amor, no está caro. Son 900 pesos.

 Ah, 900 pesos. Creo que está bien.

 Además, son 300 por persona.

F 너무 예쁘다! 얼마야? 뭐? 900유로? 비싸다!
M 달링, 비싸지 않아. 900페소야.
F 아, 900페소. 괜찮은 것 같네.
M 게다가 한 명 당 300이야.

어휘

□ el amor 사랑　　　　　　　　□ el euro 유로
□ el dólar 달러　　　　　　　　□ el peso 페소

회화 포인트

멕시코, 아르헨티나, 칠레 등 중남미에서도 화폐 단위를 표기하기 위해 '$ 기호'를 사용해요. 따라서 여행 중에 이 기호를 보더라도 미국 달러가 아닐 수 있음에 주의해야 해요. 사실 이 기호는 멕시코에서 가장 먼저 쓰였답니다.

오늘의 핵심 표현

1 숫자 101~10.000

❶ 100 단위 숫자

100	cien / ciento		
200	doscientos	600	seiscientos
300	trescientos	700	setecientos
400	cuatrocientos	800	ochocientos
500	quinientos	900	novecientos

cien	100
ciento uno	101
ciento diecinueve	119
trescientos cuarenta y siete	347
quinientos cincuenta y ocho	558
novecientos sesenta y dos	962

¡OJO! 1. y는 십의 자리와 일의 자리 사이에만 삽입해요.
　　　예) 784　setecientos y ochenta y cuatro (X) → setecientos ochenta y cuatro
　　2. 100만 cien이라 하고 101-199에서는 ciento라고 해요.
　　　예) 101　cien uno (X) → ciento uno

❷ 1000 단위 숫자

1.000	mil
2.000	dos mil
6.767	seis mil setecientos sesenta y siete
8.058	ocho mil cincuenta y ocho
10.000	diez mil

2 가격 묻고 말하기

❶ 가격 묻기

¿Cuánto vale?	얼마예요?
¿Cuánto cuesta?	얼마예요?
¿Cuánto es?	얼마예요?

❷ 가격 말하기

가격을 말할 때는 보통 ser 동사를 사용하며 물건이 단수 명사여도 가격이 복수이면 동사도 복수로 사용해요.

> **Es/Son + 숫자 + 돈 단위**

Es un euro.	1유로예요.
Son catorce euros.	14유로예요.
Son trecientos dólares.	300달러예요.
Son nueve mil quinientos pesos.	9500페소예요.

❸ 돈 단위

원	el won	달러	el dólar
유로	el euro	페소	el peso

¡Qué coche! Es hermoso.

차 대박! 아름답다.

Verdad. ¿Compramos uno? ¿Cuánto vale?

정말. 우리 하나 살까? 얼마야?

Son 50.000 euros. No está mal, ¿eh?

50000유로. 나쁘지 않지?

¿Cómo? Creo que está muy mal.

뭐? 매우 나쁜 것 같아.

어휘	□ hermoso 아름다운	□ eso 그것

Son nueve dólares.

9달러예요.

¿Cómo? ¿No son tres dólares?

네? 3달러 아니에요?

Sí, son tres dólares. Pero tres dólares por persona.

네, 3달러예요. 근데 인당 3달러.

No. ¡No vamos a pagar eso!

아니죠. 우린 그거 안 낼 거예요!

이것만은 꼭!

★ 얼마예요?

¿Cuánto vale?

★ 15유로예요.

Son quince euros.

★ 500달러예요.

Son quinientos dólares.

오늘의 연습문제

1 다음 숫자를 보기처럼 스페인어로 바꾸세요.

보기   384 → <u>trescientos ochenta y cuatro</u>

❶ 515   ▶ _____

❷ 729   ▶ _____

❸ 966   ▶ _____

2 다음 한국어 문장을 스페인어로 바꾸세요.

❶ 1유로예요.

▶ _____

❷ 10달러예요.

▶ _____

❸ 1000페소예요.

▶ _____

3 다음 중 가격을 물어보는 문장이 <u>아닌</u> 것을 고르세요.

❶ ¿Cuánto está?

❷ ¿Cuánto es?

❸ ¿Cuánto cuesta?

❹ ¿Cuánto vale?

정답 p.252

중남미 여행자를 위한 에티켓

한국에서 기본적인 예의가 중요하듯이, 중남미에서도 각 나라의 문화와 전통을 존중하는 것이 중요해요. 중남미는 풍부한 역사와 다양한 문화를 가진 지역이기 때문에, 기본적인 에티켓을 이해하면 더욱 원활하고 즐거운 여행이 될 거예요.

1. 인사와 대화

중남미에서는 인사가 매우 중요해요. 일반적으로 처음 만나는 사람에게는 악수를 하고, 가까운 친구나 가족 사이에서는 한쪽 볼에 입맞춤을 하기도 해요. 중남미 사람들은 친절하고 감정 표현을 중요시하기 때문에, 대화 중에는 상대방의 말을 주의 깊게 듣고 진심으로 반응하는 것이 좋답니다.

2. 식사 에티켓

식사 초대를 받을 때는 정시에 도착하는 것이 가장 좋지만, 일부 지역에서는 약간 늦게 도착하는 것도 허용돼요. 식사 중에는 가급적 트림은 자제하고, 음식을 입에 넣은 채로 대화하지 않는 것이 좋아요. 그리고 식사 후에는 감사의 말을 전하는 것도 매너랍니다.

3. 주의 사항

중남미 문화에서는 다른 사람을 존중하는 태도가 중요해요. 큰 소리로 대화하거나 지나치게 개인적인 질문을 하는 것은 피하는 게 좋아요. 그리고 길을 걷다가 누군가와 부딪치거나 어깨가 맞닿으면 사과의 표시를 꼭 하는 것이 예의입니다. 또, 지역 주민들이 거주하는 지역이나 특정 장소에서는 사진 촬영이 금지될 수 있으니 사전에 미리 확인하는 것이 좋아요.

Capítulo

07

Ese tío es mío.
저 남자애 내 거야.

≡ **오늘의 주제**

✓ 지시형용사
✓ 지시형용사의 활용

≡ **오늘의 미션**

✓ 이 복숭아 얼마예요?
✓ 그 맥주들 내 거야.
✓ 저 음식 이름이 뭐예요?

MP3 전체 듣기

Buenas tardes. ¿Cuánto vale este melocotón?

 Ese melocotón está bueno.
Son dos euros por libra.

 Creo que está un poco caro...

 Mmm... Te voy a regalar un mango. ¿Ahora sí?

F 안녕하세요. 이 복숭아 얼마예요?
M 그 복숭아 맛있어요. 한 리브라 당 2유로예요.
F 조금 비싼 것 같아요...
M 음... 네게 망고를 하나 줄게. 이제 됐지?

어휘

□ regalar 선물하다   □ el tío 삼촌
□ el melocotón 복숭아   □ mío 내 것의

회화 포인트

ahora는 '지금' 이외에 '이제'라는 뜻도 있어요. 특히 'ahora sí'는 한국어로 '이제 됐다.'라는 의미니 외워 두었다가 문제가 해결되었을 때 사용해 보세요!

오늘의 핵심 표현

1 지시형용사

명사를 앞에서 꾸며 주는 형용사로 성수일치를 꼭 해 줘야 해요.

❶ 지시형용사 : 이

화자 바로 앞에 있는 사물, 사람에 넣어줘요.

este / esta	estos / estas	➕	명사

este chico	이 남자
estos chicos	이 남자들
esta chica	이 여자
estas chicas	이 여자들

❷ 지시형용사 : 그, 저

화자와 보다 가까이 있는 사물, 사람에 넣어줘요.

ese / esa	esos / esas	➕	명사

ese bar	그(저) 술집
esos bares	그(저) 술집들
esa cafetería	그(저) 카페
esas cafeterías	그(저) 카페들

❸ 지시형용사 : 그, 저

화자와 아주 멀리 떨어져 있거나 눈에 안 보이는 사물, 사람 앞에 넣어줘요.

aquel	aquellos		
aquella	aquellas	➕	명사

aquel vino	그(저) 와인
aquellos vinos	그(저) 와인들
aquella cerveza	그(저) 맥주
aquellas cervezas	그(저) 맥주들

2 지시형용사의 활용

Este plato está sucio.	이 그릇은 더러워.
No conozco a esa tía.	난 그 여자 몰라.
Aquellos melocotones son muy ricos.	그 복숭아들 정말 맛있어.

회화문1

¿Ves a esa chica fea? Es la novia de mi ex.

저 못생긴 여자 보여? 내 전 남친의 여친이야.

¿Álvaro sale con esa chica? Puff, es muy guapa.

알바로가 저 여자랑 만나? 와, 너무 예뻐.

¿Qué? ¿Estás loco? Es feísima.

뭐? 너 미쳤어? 엄청 못생겼어.

Bueno, no sé...

음, 글쎄...

어휘

□ el postre 디저트   □ dulce 달달한
□ suave 부드러운   □ la bebida 음료

Eh... ¡perdona! ¿Cómo se llama este postre?

어... 저기요! 이 디저트 이름이 뭐예요?

Flan. Muy dulce y suave.

플란. 매우 달고 부드러워요.

Pues, un flan, por favor. Y esta bebida también.

음, 플란 하나 주세요. 그리고 이 음료도요.

Una limonada y un flan. Perfecto.

레몬에이드 하나랑 플란 하나. 좋아요.

이것만은 꼭!

★ 이 복숭아 얼마예요?

¿Cuánto vale este melocotón?

★ 그 맥주들 내 거야.

Esas cervezas son mías.

★ 저 음식 이름이 뭐예요?

¿Cómo se llama ese plato?

오늘의 연습문제

1 한국어 뜻에 맞게 빈칸에 알맞은 지시형용사를 넣으세요.

❶ 이 열쇠

▶ _____ llave

❷ 이 버스

▶ _____ autobús

❸ 이 침대들

▶ _____ camas

2 다음 대화문의 빈칸을 지시형용사로 채우세요.

A: ¿Quién es ❶ _____ chico?

저 남자애는 누구야?

B: Es David. Pero no conozco a ❷ _____ tío en persona.

다빋이야. 근데 나는 저 남자애 개인적으로 몰라.

3 다음 한국어 문장들을 스페인어로 바꾸세요.

❶ 이 요리 이름이 뭐예요?

▶ _____

❷ 한 리브라 당

▶ _____

정답 p.252

 스페인어로 다양한 패션 관련 어휘를 말해 보세요.

el pantalón	바지	**el vaquero**	청바지
la falda	치마	**el vestido**	원피스
la camisa	셔츠	**el jersey**	스웨터
la blusa	블라우스	**la chaqueta**	자켓
el abrigo	외투	**el traje**	정장
la mochila	배낭	**el bolso**	핸드백
el zapato	신발	**las deportivas**	운동화
el reloj	시계	**la corbata**	넥타이

Capítulo 08

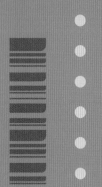

¿Qué es esto?

이게 뭐야?

오늘의 주제

✓ 지시대명사
✓ 중성 지시대명사

오늘의 미션

✓ 이게 뭐야?
✓ 내 캐리어 저거야.
✓ 이건 인생이 아니야.

MP3 전체 듣기

¿No estás de vacaciones, verdad?
¿Vas a trabajar este finde, no?

 Mira, trabajamos demasiado, ¿sabes?

 Sí, lo sé. Pero así es la vida.

 No estoy de acuerdo. ¡Qué es esto! Esto no es vida.

F 너 휴가 중 아니지? 이번 주말에 일할 거지?
M 얘, 우리는 지나치게 많이 일 해, 알아?
F 응, 그거 알아. 근데 인생이 그런 거야.
M 난 동의하지 않아. 이게 뭐야! 이건 인생이 아니야.

회화 포인트

-ar 동사는 어미 자리에 a만 남기면 tú 긍정명령형이 돼요. mirar는 '보다'라는 동사니까 mira는 '봐봐!'라는 명령이 됩니다. 예를 들어, 'Estudia. 공부해!, Habla. 말해!, Descansa. 쉬어!'가 됩니다.

오늘의 핵심 표현

1 지시대명사

지난 과에서 배운 지시형용사는 명사를 꾸며 주는 역할 뿐만 아니라 대명사로 스스로 명사로 쓰이기
도 해요. 사물과 사람 모두 가리킬 수 있어요.

이것 이 사람	este	estos
	esta	estas

Este es mi abuelo.	이 사람은 내 할아버지야.
Estos son Álvaro y Manuel.	이 사람들은 알바로와 마누엘이야.
Voy a tomar esta.	난 이것을 마실 거야. (마실 것이 여성명사)

그것 그 사람	ese	esos
	esa	esas

No voy a tomar ese.	난 그거 안 마실 거야. (마실 것이 남성명사)
Mis maletas son esas.	내 캐리어들은 그것들이야.
No conozco a esas.	난 그 여자들을 몰라.

2 중성 지시대명사

가리키는 대상의 성을 모르거나 사물이나 사람이 아닌 보이지 않는 사실을 가리킬 때는 중성 지시대
명사를 사용해요.

❶ 중성 지시대명사 esto: 이것

¿Qué es esto?	이게 뭐야?
Esto es demasiado para mí.	나에게는 이것이 너무 지나쳐.
Esto no va a salir bien.	이건 잘 안 될 거야.

❷ 중성 지시대명사 eso: 그것

Voy a aprender eso.	나는 그것을 배울 거야.
Eso, sí.	그건 그래.
¿Y eso?	그게 뭐야? 그게 무슨 소리야?

Voy a vivir con Elena.

나 엘레나랑 같이 살 거야.

¿Tu hermana Elena? ¿Y eso?

네 여자형제 엘레나? 그게 무슨 소리야?

Va a trabajar en Madrid. Necesita un piso.

마드리드에서 일 할 거야. 그녀는 아파트가 필요해.

Pues, esa es muy tacaña, ¿no?

음, 걔 아주 인색하잖아, 그치?

어휘

☐ el piso 집/아파트   ☐ egoísta 이기적인
☐ de todo 모든 (종류의)것

회화문2

Mira, voy a trabajar con ese.

얘, 나 쟤랑 일할 거야.

¿Juan? Sabes que es malísimo. Es muy egoísta.

후안? 쟤 완전 나쁜 거 알잖아. 아주 이기적이야.

Pero sabe de todo.

근데 모든 것을 알아.

Eso, sí. Es muy inteligente.

그건 그래. 아주 똑똑하지.

이것만은 꼭!

★ 이게 뭐야?

　¿Qué es esto?

★ 내 캐리어 저거야.

　Mi maleta es esa.

★ 이건 인생이 아니야.

　Esto no es vida.

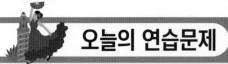

오늘의 연습문제

1 한국어 뜻에 맞게 지시대명사를 넣으세요.

A: ¿Qué vas a tomar? Hay muchas cervezas.　　　뭐 마실 거야? 맥주 많다.

B: Voy a tomar ❶ _____.　　　난 이거 마실 거야.

A: ¿No ❷ _____?　　　저거 말고?

B: No. ❸ _____ no es buena.　　　아니. 저거는 맛 없어.

2 다음 한국어 문장을 스페인어로 바르게 바꾼 것을 고르세요.

> **보기**　　　　　　　　　　　이 사람들은 Eva(여)와 Marco(남)예요.

❶ Estas son Eva y Marco.

❷ Estos son Eva y Marco.

❸ Esos son Eva y Marco.

❹ Eses son Eva y Marco.

3 다음 한국어 문장들을 스페인어로 바꾸세요.

❶ 그건 그래.

▶ _____

❷ 이건 인생이 아니야.

▶ _____

정답 p.253

제시된 우리말을 참고하여, 낱말 퍼즐 안에 숨어있는 10가지 단어를 찾아보세요.

H	E	R	M	O	S	O	D	R	P
A	E	P	J	U	E	C	U	E	O
C	U	B	O	G	I	O	L	G	S
E	R	M	S	S	Z	L	C	A	T
P	O	D	O	D	I	M	E	L	R
T	E	G	O	Í	S	T	A	A	E
A	G	C	P	S	Y	R	I	R	W
R	T	B	E	B	I	D	A	V	H
K	D	E	M	A	S	I	A	D	O
Y	C	G	Z	S	A	W	V	M	L

❶ 받다	❻ 디저트
❷ 긍정적인	❼ 달달한
❸ 유로	❽ 음료
❹ 아름다운	❾ 지나친
❺ 선물하다	❿ 이기적인

정답 p.257

Capítulo

09

Te quiero.
널 사랑해.

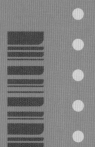

≡ 오늘의 주제

- ✓ ie 불규칙 – querer 동사
- ✓ querer 동사 활용하기 ①

≡ 오늘의 미션

- ✓ 너는 뭘 원해?
- ✓ 나는 매운 무언가를 원해.
- ✓ 나는 너를 많이 사랑해.

MP3 전체 듣기

¿Por qué no hablas conmigo?
¿Ya no me quieres?

Ay, estoy cansado.
Mi amor, hoy comemos en casa.

¿No vamos a Randy? ¿Ya no me quieres?

No. Yo te quiero mucho.
Pero ese restaurante está cerrado hoy.

F 왜 나랑 말 안 해? 이제 날 사랑하지 않는 거야?
M 아이, 나 피곤해. 자기야, 우리 오늘 집에서 먹자.
F 우리 란디 안 가? 이제 날 사랑하지 않는 거야?
M 아니야. 난 너를 많이 사랑해. 그런데 그 식당 오늘
   닫았어.

어휘		
□ la leche 우유	□ la naranja 오렌지
□ dulce 단	□ picante 매운

회화 포인트

querer 동사는 목적어로 사물이 나오면 '원하다', 사람이 나오면 '사랑하다'라는 뜻이 돼요. 따라서 'Te quiero.'는 '나는 너를 원해.'가 아닌 '나는 너를 사랑해.'가 됩니다.

오늘의 핵심 표현

1 ie 불규칙 동사 : querer

동사의 어간 중 모음 하나가 현재시제 변형에서 ie로 바뀌는 동사들을 ie 불규칙 동사라고 해요.
querer가 대표적인 ie 불규칙 동사예요. 현재시제 변형에서 어간 quer의 e가 ie로 바뀌죠. 다만 1인칭
복수(nosotros)와 2인칭 복수(vosotros)는 항상 규칙으로 바뀌어요.

	querer 원하다
yo	quiero
tú	quieres
él/ella/usted	quiere
nosotros/as	queremos
vosotros/as	queréis
ellos/ellas/ustedes	quieren

2 querer 동사 활용하기 (1) : ~을 원하다, 좋아하다

¿Qué quieres?	넌 뭘 원해?

Quiero un café.	난 커피 한 잔을 원해.
Quiero un café con leche.	난 라테 한 잔을 원해.
Quiero un zumo de naranja.	난 오렌지 주스 한 잔을 원해.
No quiero nada.	난 아무것도 원하지 않아.
Quiero una tortilla.	난 또르띠야 하나를 원해.
Quiero algo dulce.	난 단 무언가를 원해.
Quiero algo picante.	난 매운 무언가를 원해.

¿Quieres eso?	너는 그걸 원하는 거야?
Sí, quiero eso.	응, 난 그것을 원해.
No, no quiero eso.	아니, 난 그것을 원하지 않아.
¿Me quieres?	년 나를 사랑해?
Sí, te quiero.	응, 난 널 사랑해.
No, no te quiero.	아니, 난 널 사랑하지 않아.

¡OJO! 나를(me), 너를(te)이라는 단어는 보통 동사 앞에 사용해요. 자세한 내용은 23과에서 배워요!

오늘의 Plus⁺ 실전 회화

¿Sí? Dime, mi amor.

응? 말해 봐, 자기야.

Amor... Ya no te quiero como antes.

자기야... 난 예전처럼 너를 사랑하지 않아.

¿Qué? ¿Qué quieres, entonces? ¿Me vas a dejar?

뭐? 뭘 원해, 그러면? 나를 찰 거야?

Sí. Quiero eso.

응. 난 그걸 원해.

어휘		
□ dime 나에게 말해	□ como ~처럼	□ antes 예전
□ dejar 두다/(연인을)차다	□ pesado 짜증나는 사람	□ el bocadillo 바게트 샌드위치

No. No quiero eso.

아니. 난 그걸 원하지 않아.

Entonces... ¿Quieres algo dulce? ¿O algo picante?

그러면... 단 거 원해? 아니면 매운 거?

No... No sé... ¿Un bocadillo? No...

아니야... 글쎄... 보까디요? 아니야...

Ay, pesada. ¡¡Dime qué quieres!!

아이, 짜증나는 것아. 뭘 원하는지 말해!!

이것만은 꼭!

★ 너는 뭘 원해?

¿Qué quieres?

★ 나는 매운 무언가를 원해.

Quiero algo picante.

★ 나는 너를 많이 사랑해.

Te quiero mucho.

1 querer 동사 현재시제 변형 표의 빈칸을 채우세요.

인칭 대명사(주어)	querer 동사
Yo	quiero
Tú	quieres
Él, Ella, Usted	quiere
Nosotros	❶
Vosotros	❷
Ellos, Ellas, Ustedes	❸

2 각 문장에 어울리는 대답을 연결하세요.

❶ ¿Qué quieres? •   • a. Sí, un bocadillo.

❷ ¿Usted quiere un bocadillo? •   • b. Quiero un bocadillo.

3 다음 한국어 문장들을 스페인어로 바꾸세요.

❶ 난 달달한 것을 원해.

▶ _____

❷ 난 매운 것을 원해.

▶ _____

정답 p.253

탱고의 본고장, 아르헨티나

스페인어를 공용어로 사용하는 아르헨티나는 탱고의 발상지로 잘 알려진 남미의 매력적인 나라예요. 이곳은 세계적인 자연경관과 풍부한 문화 유산으로 가득 차 있어요.

먼저, 아르헨티나의 수도 부에노스 아이레스(Buenos Aires)를 방문하면 도시의 생동감에 빠져들 수 있어요. 부에노스 아이레스에서 열정적인 탱고 공연을 감상하며 그 매력을 제대로 느껴 보세요. 그리고 다양한 인기 브런치 카페에서 맛있는 스테이크를 즐기고, 말벡(malbec) 와인을 한 잔 곁들여 보세요. 이곳의 스테이크는 정말 맛있답니다!

자연을 사랑하는 여행자라면 이과수 폭포(Las Cataratas del Iguazú)를 놓칠 수 없겠죠? 이곳은 세계적인 자연 명소로, 장엄한 폭포와 울창한 열대 우림을 탐험할 수 있습니다. 폭포의 물살과 신비로운 자연을 만끽하며, 정말 멋진 경관을 경험해 보세요.

또한, 남미 최남단 안데스 산맥 동쪽에 위치한 파타고니아(Patagonia) 지역은 하이킹과 트레킹의 천국이에요. 이곳에서 토레스 델 파이네(Torres del Paine) 국립공원과 페리토 모레노 빙하(Perito Moreno Glacier)를 방문하면, 자연의 장엄함과 경이로움을 직접 느낄 수 있어요.

마지막으로, 멘도사(Mendoza) 지역은 아르헨티나의 대표적인 와인 생산지입니다. 와이너리 투어를 통해 아르헨티나 와인의 품질을 직접 경험하고, 다양한 와인을 시음해 보세요. 와인 애호가라면 정말 즐거운 시간이 될 거예요.

아르헨티나 여행

아르헨티나에 가면 꼭 먹어야 할 음식은 아사도(Asado)입니다. 아사도는 소고기에 굵은 소금만 뿌리고 숯불에 오랜 시간 구워 만든 바비큐로, 아르헨티나의 전통 음식이에요. 소고기뿐만 아니라 소시지, 닭고기, 돼지고기도 함께 구워 먹어요. 치미추리 소스와 샐러드와 함께하면 더욱 맛있답니다. 아르헨티나를 방문하면 아사도를 꼭 경험해 보세요!

Capítulo

10

Quiero descansar.

저는 쉬고 싶어요.

📑 오늘의 주제

- ✔ querer 동사원형
- ✔ querer 동사 활용하기 ②

📑 오늘의 미션

- ✔ 너는 뭘 마시고 싶어?
- ✔ 나는 집에 있고 싶어.
- ✔ 우리는 마요르 광장에 가고 싶어요.

MP3 전체 듣기

오늘의 회화

 ¡Hola, Pedro! ¿Cómo estás?

 Muy bien. ¿Qué vas a hacer hoy?
Hace muy buen tiempo.

 No sé todavía, pero quiero ir a la Plaza Mayor.

 ¡Genial! Mira, allí hay una panadería muy buena.
Se llama Jowell y Randy.

F 안녕, 뻬드로! 어때?
M 매우 좋아. 오늘 뭐 할 거야? 날씨 너무 좋다.
F 아직 모르겠어, 그런데 마요르 광장에 가고 싶어.
M 너무 좋다! 거기 맛있는 빵집 있어. 이름이 요엘
   이 란디야.

| 어휘 | □ todavía 아직 | □ la plaza 광장 |
| | □ la panadería 빵집 | □ allí 거기 |

회화 포인트

상대방의 말에 반응할 때 '좋아요!'라고 genial, perfecto 등을 써 보세요. 훨씬 현지인처럼 자연스럽게 들릴 거예요.

1 querer 동사 현재시제 변형 복습

	querer 원하다
yo	quiero
tú	quieres
él/ella/usted	quiere
nosotros/as	queremos
vosotros/as	queréis
ellos/ellas/ustedes	quieren

2 querer 동사 활용하기 (2) : ~하고 싶다

querer 동사 뒤 목적어를 넣어 '좋아하다, 사랑하다'라는 뜻으로 사용할 수도 있지만 동사원형을 넣어 '~하고 싶다'라는 문장을 만들 수도 있어요.

> **querer + 동사원형**

¿Qué quieres comer?	넌 뭐 먹고 싶어?
Quiero comer algo dulce.	난 달달한 무언가를 먹고 싶어.
No quiero comer nada.	난 아무것도 안 먹고 싶어.
¿Qué quieres hacer hoy?	넌 오늘 뭐 하고 싶어?
Quiero estudiar español.	스페인어 공부하고 싶어.

¿Qué quieres hacer mañana?

Quiero salir con mi novia.

¿Qué quieres hacer con tu novia?

Queremos ir al cine.

¿Qué quieres hacer el domingo?

Quiero estar en casa.

¿Por qué no quieres salir?

Quiero descansar.

¿Qué quieres hacer el próximo año?

Quiero viajar a Perú.

넌 내일 뭐 하고 싶어?

내 여자친구를 만나고 싶어.

너는 여자친구랑 뭐 하고 싶어?

우리는 영화관에 가고 싶어.

넌 일요일에 뭐 하고 싶어?

집에 있고 싶어.

너는 왜 나가고 싶지 않아?

나는 쉬고 싶어.

넌 내년에 뭐 하고 싶어?

페루 여행 가고 싶어.

오늘의 Plus⁺ 실전 회화

¿Por qué aprendes español?

너는 왜 스페인어를 배워?

Porque quiero viajar a Colombia.

왜냐하면 나는 콜롬비아로 여행가고 싶어.

¿Por qué quieres viajar a Colombia?

왜 너는 콜롬비아로 여행가고 싶어?

Porque las colombianas son muy bonitas.

왜냐하면 콜롬비아 여자들이 정말 예뻐.

어휘	
□ porque 왜냐하면	□ buah 한숨 소리
□ reventado 지친/피곤한	

¿Qué quieres hacer mañana?

너는 내일 뭐 하고 싶어?

Buah, no sé. Pues, quiero descansar en casa.

와, 모르겠네. 음, 집에서 쉬고 싶어.

¿No quieres salir con nosotros? Vamos a la casa de Carla.

우리랑 같이 놀러 나가고 싶지 않아? 우리 까를라 집에 가자.

No... Estoy reventado. No quiero hacer nada.

아니야... 나 지쳤어. 아무것도 하고 싶지 않아.

이것만은 꼭!

★ 너는 뭘 마시고 싶어?

¿Qué quieres tomar?

★ 나는 집에 있고 싶어.

Quiero estar en casa.

★ 우리는 마요르 광장에 가고 싶어요.

Queremos ir a la Plaza Mayor.

오늘의 연습문제

1 다음 한국어 어휘를 스페인어로 적으세요.

❶ 훌륭한 ▶ _____

❷ 아직 ▶ _____

❸ 빵집 ▶ _____

2 다음 질문의 대답으로 올 수 <u>없는</u> 문장을 고르세요.

질문	¿Qué quieres hacer hoy?

❶ Quiero trabajar.

❷ No sé.

❸ Quiero tomar cerveza.

❹ Veo Youtube.

3 다음 한국어 문장을 스페인어로 바꾸세요.

❶ 너희는 돈 내고 싶어?

▶ _____

❷ 우리는 스페인으로 여행가고 싶어요.

▶ _____

❸ 나는 출근하고 싶지 않아요.

▶ _____

정답 p.253

아래 가로 세로 낱말 퀴즈를 풀어 보세요!

세로 열쇠	가로 열쇠
❶ 매운	❺ 거기
❷ 아직	❻ 빵집
❸ 오렌지	❼ 지친/피곤한
❹ 짜증나는 사람	❽ 할아버지

정답 p.257

Capítulo 11

No tengo novia.
저는 여자친구가 없어요.

오늘의 주제

- ✓ ie 불규칙 – tener 동사
- ✓ tener 동사 활용하기 ①

오늘의 미션

- ✓ 나 돈 많이 없어.
- ✓ 너무 맛있어 보인다!
- ✓ 너 남자친구 있어?

MP3 전체 듣기

오늘의 회화

 ¡Tiene muy buena pinta!
¿Cómo se llama este plato?

 Gambas al ajillo. Es la especialidad de la casa.

 ¿Cuánto vale? Es que no tengo mucho dinero.

 Son 12 euros. ¿Quieres entrar?

F 너무 맛있어 보여요! 이 요리 이름이 뭐예요?
M 감바스 알 아히요. 식당 대표 메뉴예요.
F 얼마예요? 제가 돈이 많이 없어서요.
M 12유로예요. 들어오고 싶어요?

어휘

- □ la pinta 생김새
- □ el hermano 형제
- □ la especialidad 특기
- □ entrar 들어가다, 들어오다

 회화 포인트

Tiene (muy) buena pinta.는 '매우 좋은 생김새를 가지고 있다.'라는 뜻이에요. 맛있어 보일 때도 쓰고 어떤 물건이나 상황이 좋아 보일 때도 써요. 앞에 no를 붙이면 부정문으로 맛이 없어 보이거나 좋아 보이지 않는다 는 의미가 되겠죠? 아주 유용하니 외워 두세요!

Capítulo 11 No tengo novia. 93

오늘의 핵심 표현

1 ie 불규칙 동사 : tener

tener 동사는 go 불규칙이자 ie 불규칙 동사예요.

	tener 가지다
yo	tengo
tú	tienes
él/ella/usted	tiene
nosotros/as	tenemos
vosotros/as	tenéis
ellos/ellas/ustedes	tienen

¡OJO! 현재시제 1인칭 단수(yo)에서 go로 끝나는 go 불규칙 동사들을 알아 두세요!
예) hacer(hago), salir(salgo), valer(valgo)

2 tener 동사 활용하기 (1) : 가지다

¿Tienes dinero?	너 돈 있어?
No, no tengo dinero.	아니, 나 돈 없어.
¿Tienes tiempo?	너 시간 있어?
No, no tengo tiempo. Estoy ocupado.	아니, 나 시간 없어. 바빠.
¿Tienes Instagram?	너 인스타 있어?
Claro. Tengo Instagram.	당연하지. 나 인스타 있어.

¡Mira esto! ¡Tiene muy buena pinta!　　　　이거 봐 봐! 너무 맛있어 보인다!

3 tener 동사 활용하기 (2) : 가지다, 있다 (인간관계)

¿Tienes novio?　　　　너 남자친구 있어?

Sí, tengo novio.　　　　응, 남자친구 있어.

📍 ¡OJO! 남자친구(novio), 여자친구(novia)가 있다고 말할 때는 단어 앞에 부정관사를 넣지 않아요.

¿Tienes hermanos?　　　　너 형제 있어?

Sí, tengo una hermana.　　　　응, 여자형제 한 명 있어.

¿Tienes muchos amigos?　　　　너 친구 많아?

No, no tengo muchos amigos.　　　　아니, 친구 많지 않아.

¿Tienes perro?　　　　너 강아지 있어?

Sí, tengo tres perros.　　　　응, 나 강아지 세 마리 있어.

오늘의 Plus＋ 실전 회화

 회화문1

¿Quién es este? ¿Tienes hermanos?

이건 누구야? 너 형제 있어?

Sí, tengo un hermano y una hermana.

Es mi hermano, Carlos.

응, 남자 형제 한 명, 여자 형제 한 명 있어. 내 형제 까를로스야.

¿Qué? Es guapísimo. ¿Tiene novia?

뭐? 너무 잘생겼다. 여자친구 있어?

Carlos está casado...

까를로스 유부남이야...

어휘

□ casado 결혼한   □ el lío 문제

No. No tengo tiempo para salir con vosotros.

안돼. 나 너희랑 나갈 시간 없어.

No tienes tiempo para nada. ¡Pero tienes mucho dinero!

넌 아무것도 할 시간이 없지. 하지만 돈이 많지!

No, qué va. No tengo dinero. ¡Qué lío!

아니, 아니야. 나 돈 없어. 문제가 커!

Bueno, al mal tiempo, buena cara, amiga.

음, 안 좋을 땐 웃는 얼굴로, 친구야.

이것만은 꼭!

★ 나 돈 많이 없어.

No tengo mucho dinero.

★ 너무 맛있어 보인다!

¡Tiene muy buena pinta!

★ 너 남자친구 있어?

¿Tienes novio?

오늘의 연습문제

1 다음 주어에 맞는 tener 동사 현제시제 변형을 적으세요.

① usted ▶ _____

② Alejandro y yo ▶ _____

③ Belén y tú ▶ _____

2 다음 빈칸에 들어갈 tener 동사 현재시제 변형을 고르세요.

① ¿Tú _____ mucho dinero?　　　a. tienes　　b. tenes

② Camila _____ muchos amigos.　　a. tiene　　b. tene

③ Ellas _____ un perro superbonito.　　a. tenen　　b. tienen

3 다음 한국어 문장들을 스페인어로 바꾸세요.

① 정말 맛있어 보인다!

▶ _____

② 나 시간 없어.

▶ _____

정답 p.253

중남미 음식 문화

여행에서 빼놓을 수 없는 것은 각 지역의 맛있는 음식을 맛보는 것이겠죠? 중남미에서는 각 나라별로 독특하고 맛있는 음식들이 많이 있어요. 각 나라별 대표 음식들을 몇 가지 함께 알아볼게요!

taco	**asado**
타코 (멕시코)	아사도 (아르헨티나)

paita	**ceviche**
파이타 (칠레)	세비체 (페루)

ajiaco	**ropa vieja**
아히아코 (콜롬비아)	로파 비에하 (쿠바)

Capítulo 12

Tengo hambre.
저는 배고파요.

≡ **오늘의 주제**

✓ tener 동사 활용하기 ②

≡ **오늘의 미션**

✓ 나 숙취 있어.
✓ 나 많이 배고파.
✓ 너 몇 살이야?

MP3 전체 듣기

오늘의 회화

 Ay, tengo mucha hambre.
¿Cuál es la especialidad de la casa?

 Pulpo a la gallega. ¡Buenísimo!
Es un plato grande. Son 30 euros.

 Uy, no. No tengo mucho dinero.
Tengo sed. Una caña, por favor.

 Una caña. Genial.
Hace mucho calor, ¿no? ¿Tienes calor?

F 아, 너무 배고파요. 이 집 대표 메뉴가 뭐예요?
M 뽈뽀 알 라 가예가. 완전 맛있어요! 큰 음식이에요.
    30유로예요.
F 어머, 아녜요. 저 돈 많이 없어요. 목 마르네요.
    생맥주 하나 주세요.
M 생맥주 하나. 좋아요. 날씨가 많이 덥죠? 더워요?

어휘

- □ el pulpo 문어
- □ grande 큰
- □ buenísimo 너무 좋은
- □ la caña 생맥주

회화 포인트

맥주에 진심인 스페인 사람들은 다양한 사이즈로 맥주를 즐겨요. 가장 보편적인 200-250ml의 생맥주는 caña라고 하니 꼭 이렇게 맥주를 주문해 보세요. ¡Una caña, por favor!

오늘의 핵심 표현

① tener 동사 활용하기 (3) : 상태

tener 동사는 '가지다'라는 의미뿐만 아니라 사람의 상태, 컨디션을 이야기하기도 해요. 어떤 상태 표현 명사와 함께 쓰이는지 살펴보세요!

tener ~한 상태이다 ⊕		
	hambre	배고픔
	sed	갈증
	resaca	숙취
	sueño	졸음
	calor	더위
	frío	추위

¿Tienes calor?	너 더워?
Sí, tengo calor.	응, 나 더워.
No, no tengo calor.	아니, 나 안 더워.
No, no tengo calor. Tengo frío.	아니, 나 안 더워. 나 추워.
¿Tienes sueño?	너 졸려?
Sí, tengo sueño.	응, 나 졸려.
No, no tengo sueño.	아니, 나 안 졸려.
No, tengo resaca.	아니, 나 숙취 있어.
¿Tenéis hambre?	너희 배고파?
Sí, tenemos hambre.	응, 우리 배고파.
No, no tenemos hambre.	아니, 우리 안 배고파.
No, tenemos sed.	아니, 우리 목말라.

명사 앞 mucho를 넣으면 '많이 ~한 상태다.'가 되고 un poco de를 넣으면 '조금 ~한 상태다.'라는 뜻
이 돼요.

> **tener + mucho/mucha/un poco de + 상태 표현**

Tener mucho sueño.   많이 졸리다.

Tener mucha hambre.   많이 배고프다.

Tener un poco de frío.   조금 춥다.

🔖 ¡OJO! 여성명사인 hambre, sed, resaca는 mucha로 꾸며 줘요.

2 tener 동사 활용하기 (4) : ~살이다. (나이)

tener 동사 뒤 숫자와 연, 해(año)를 넣어 나이 이야기를 할 수도 있어요.

> **Tener + 숫자 + año(s)**

Tengo un año.   난 한 살이야.

Tengo veinte años.   난 스무 살이야.

Tengo veintiún años. / Tengo veintiuno.   난 스물 한 살이야.

Tengo treinta y un años. / Tengo treinta y uno.   난 서른 한 살이야.

🔖 ¡OJO! 남성명사 앞에서는 uno의 o가 탈락해요.

¿Cuántos años tienes?   너 몇 살이야?

Tengo treinta y nueve años.   나 서른 아홉 살이야.

Tengo dieciséis años.   나 열 여섯 살이야.

회화·문 1

Tengo mucha hambre. ¿Qué tenemos en casa?

나 너무 배고파. 집에 뭐 있지?

Bueno, no tenemos muchas cosas.

음, 많은 것들이 있지 않아.

Oye, ¿estás bien? ¿Estás enfermo?

얘, 너 괜찮아? 너 아파?

Es que yo tengo resaca. No tengo hambre.

그게 내가 숙취가 있거든. 나 배 안 고파.

어휘	
□ la cosa 일/것	□ pruébalo 그것을 먹어 봐
□ sólo 오직/뿐만	□ en serio 진심으로/정말로

Guau. ¡Tiene muy buena pinta!

와. 정말 맛있어 보인다!

Está buenísimo. Pruébalo.

아주 맛있어. 먹어 봐.

No. Yo como sólo la comida de mi mamá.

아니야. 난 우리 엄마 음식만 먹어.

¿En serio? Tú no tienes cinco años...

진심이야? 너가 다섯 살도 아니고...

이것만은 꼭!

★ 나 숙취 있어.

Tengo resaca.

★ 나 많이 배고파.

Tengo mucha hambre.

★ 너 몇 살이야?

¿Cuántos años tienes?

오늘의 연습문제

1 다음 어휘들을 스페인어로 적으세요.

❶ 숙취   ▶ _____

❷ 더위   ▶ _____

❸ 추위   ▶ _____

2 다음 문장들 중 <u>틀린</u> 부분을 찾아 바르게 고치세요.

❶ ¿Tienes mucho sed?

▶ _____

❷ Tengo un poco sueño.

▶ _____

❸ Dani tiene treinta y uno años.

▶ _____

3 다음 한국어 문장을 스페인어로 바르게 바꾼 것을 고르세요.

보기	너 몇 살이야?

❶ ¿Cuántos años eres?

❷ ¿Cómo año tienes?

❸ ¿Cuánto año tienes?

❹ ¿Cuántos años tienes?

정답 p.253

 스페인어로 다양한 식재료 관련 어휘를 말해 보세요.

la carne	고기	**el pescado**	생선
el pan	빵	**la fruta**	과일
la verdura	채소	**la manzana**	사과
el plátano	바나나	**la naranja**	오렌지
la patata	감자	**la batata**	고구마
el tomate	토마토	**la cebolla**	양파
la zanahoria	당근	**el salmón**	연어
la gamba	새우	**el arroz**	쌀
el yogur	요거트	**el queso**	치즈
el azúcar	설탕	**la sal**	소금

Capítulo

13

Tienes que esperar un poco.

너는 조금 기다려야 해.

오늘의 주제

- ✓ tener que 동사원형
- ✓ hay que vs. tener que

오늘의 미션

- ✓ 저 기다려야 해요?
- ✓ 우리는 일 많이 해야 해.
- ✓ 들어와!

MP3 전체 듣기

¡Hombre, Pablo! ¡Cuánto tiempo! ¡Pasa, pasa!

 ¿Qué tal? ¡Estás guapa! Oye, ¿tienes que estudiar hoy?

 Pues, no. No tengo clase hoy.
Pero tengo que trabajar. ¿Por qué?

 ¿Trabajar? ¿No estás de vacaciones?
Es que quiero ir a la fiesta de Olivia.

F 어머, 빠블로! 오랜만이다! 들어와!
M 잘 지내? 예쁘네! 얘, 오늘 너 공부해야 해?
F 음, 아니. 오늘 수업 없어. 근데 일해야 해. 왜?
M 일? 휴가 중 아니야? 그게 나 올리비아네 파티
   가고 싶거든.

어휘

□ esperar 기다리다
□ el finde 주말

□ pasar 지나가다, 들어오다, (시간을) 보내다
□ limpiar 청소하다

회화 포인트

스페인 사람들도 줄임말을 많이 사용해요. 예를 들어 주말은 el fin de semana지만 줄여서 el finde라고도
한답니다. ¿Qué haces este finde? 너 이번 주말에 뭐 해?

오늘의 핵심 표현

1 **tener que 동사원형 : ~ 해야 한다.**

tener 동사 뒤 que와 동사원형을 넣으면 '~을 해야 한다'라는 의무를 나타내는 문장이 돼요. tener 동사는 주어에 따라 변형해 줘요. 반대로 no를 넣어 부정문으로 만들면 '~할 필요 없다, ~하지 않아도 된다'라는 뜻이 된답니다.

> **tener que + 동사원형**

Tengo que estudiar.	난 공부해야 해.
Tienes que trabajar.	넌 일해야 해.
Ella tiene que salir.	그녀는 나가야 해.
Tenemos que descansar.	우리는 쉬어야 해.
Tenéis que pagar.	너희는 돈 내야 해.
Ustedes tienen que reservar.	당신들은 예약해야 해요.

¿Tienes que trabajar mañana?	너 내일 일해야 해?
Sí, tengo que trabajar mañana.	응, 나 내일 일해야 해.
No, no tengo que trabajar mañana.	아니, 나 내일 일 안 해도 돼.

¿Tengo que esperar?	저 기다려야 해요?
Sí, tienes que esperar un poco.	네, 조금 기다려야 해요.
No, no tienes que esperar. Pasa.	아니요, 기다리지 않아도 돼요. 들어오세요.

¿Qué tienes que hacer este finde?

너는 이번 주말에 뭐 해야 해?

Tengo que limpiar la casa.

집을 청소해야 해.

Tengo que pasar tiempo con mi familia.

내 가족과 함께 시간을 보내야 해.

② hay que vs. tener que

'~해야 한다'는 구문은 두 가지가 있죠. hay que는 주어가 없으니 모두가, 누구나 다 해야 하는 일을 이야기할 때 사용하고 tener que는 주어가 들어갈 수 있으니 보다 개인적으로 해야 하는 일을 말할 때 사용해요.

Hay que trabajar.

(모두가, 누구나) 일해야 해.

Hay que disfrutar la vida.

(모두가, 누구나) 인생을 즐겨야 해.

Tengo que trabajar.

나는 일해야 해.

Tienes que estudiar para el examen.

너는 시험을 위해 공부해야 해.

Oye, ¿hoy también tienes que ir a la oficina?

얘, 너 오늘도 회사 가야 해?

Sí. Tengo muchas cosas que hacer.

응. 할 일이 너무 많아.

Ay, tienes que descansar. Trabajas casi todos los días, ¿sabes?

아이, 넌 쉬어야 해. 너 거의 매일 일 하잖아, 알지?

Lo sé. Pero, bueno...

알지. 근데, 뭐...

 어휘

- □ la oficina 사무실/회사
- □ estresado 스트레스 받은
- □ casi 거의
- □ tranquilo 침착한/조용한
- □ no te preocupes 걱정 마
- □ pasar 지나가다

El jefe está enfadado conmigo...

보스가 나에게 화났어...

Bueno, él es así. No te preocupes.

음, 그는 원래 그래. 걱정 마.

Estoy muy estresada, la verdad.

나 아주 스트레스 받아, 진짜.

Tranquila. Todo pasa.

침착해. 다 지나가.

이것만은 꼭!

★ 저 기다려야 해요?

¿Tengo que esperar?

★ 우리는 일 많이 해야 해.

Tenemos que trabajar mucho.

★ 들어와!

¡Pasa!

오늘의 연습문제

1 다음 어휘를 스페인어로 적으세요.

❶ 기다리다 ▶ _____

❷ 지나가다 ▶ _____

❸ 청소하다 ▶ _____

2 한국어 뜻을 참고하여 다음 대화문의 빈칸에 알맞은 동사를 넣으세요.

A: ¿Qué ❶ _____ mañana?　　　너는 내일 뭐 해야 해?

B: ❷ _____ ejercicio.　　　　나는 운동해야 해.

3 다음 한국어 문장들을 스페인어로 바꾸세요.

❶ 저 기다려야 해요?

▶ _____

❷ 들어와!

▶ _____

정답 p.253

실력 Plus

제시된 우리말을 참고하여, 낱말 퍼즐 안에 숨어있는 10가지 단어를 찾아보세요.

F	E	S	T	R	E	S	A	D	O
U	H	P	I	U	E	U	L	F	W
P	K	R	H	E	R	M	A	N	O
I	P	U	L	P	O	F	W	E	G
N	C	É	X	N	K	I	C	S	I
T	A	B	N	J	Ñ	N	A	P	P
A	Ñ	A	S	O	T	D	S	E	L
C	A	L	X	G	E	E	A	R	A
M	X	O	I	V	C	H	D	A	Z
B	V	L	X	P	B	I	O	R	A

❶ 생김새	❻ 그것을 먹어 봐
❷ 형제	❼ 기다리다
❸ 결혼한	❽ 광장
❹ 문어	❾ 주말
❺ 생맥주	❿ 스트레스 받은

정답 p.258

Capítulo

14

Pero, ¿qué dices?
너 무슨 소리야?

오늘의 주제

✓ i 불규칙 – decir, seguir 동사

오늘의 미션

✓ 무슨 소리야!
✓ 너는 사실을 말해야 해.
✓ 앞으로 나아가자!

MP3 전체 듣기

Eres Camilo, ¿verdad? El novio de Vega.
¡Yo te sigo en Instagram!

 Sí, sí, soy Camilo. Pero no sigo con ella.

 ¿No sigues con ella? ¡Qué dices! ¡Mentira!

 No. En serio. Mira, ella es muy mala. ¡Malísima!

F 너 까밀로지? 베가 남친.
   나 너 인스타에서 팔로우 해!
M 응, 나 까밀로야. 그런데 나 걔 안 만나.
F 걔 안 만나? 무슨 소리야! 거짓말!
M 아니. 진심이야. 얘, 걔 정말 나빠. 완전 나빠!

어휘		
	☐ la mentira 거짓말	☐ en serio 진심으로, 정말로
	☐ el hijo 아들	☐ adelante 앞으로

회화 포인트

스페인어권 사람들도 SNS를 많이 해요. 메신저 앱으로는 우리나라의 톡 같은 'What's app'이라는 어플리케
이션을 사용하니 친구를 사귀고 싶다면 설치해 보세요!

오늘의 핵심 표현

1 i 불규칙 동사 : decir

decir 동사는 '말하다, 말을 전하다'라는 뜻이에요. 현재시제에서 어간의 철자 e가 i로 바뀌는 i 불규칙 동사이며 동시에 go 불규칙 동사예요.

	decir 말하다
yo	digo
tú	dices
él/ella/usted	dice
nosotros/as	decimos
vosotros/as	decís
ellos/ellas/ustedes	dicen

¡Qué dices!
너 무슨 소리야!

¿Qué dices?
너는 어떻게 생각해?

Tienes que decir la verdad.
너는 사실을 말해야 해.

Mi hijo dice mentiras todos los días.
내 아들은 매일 거짓말 해.

¡OJO! 'qué dices'는 억양에 주의하세요. 살짝 격앙된 톤으로 읽으면 '너 그게 무슨 소리야?'라는 뜻이지만, 부드럽게 낮은 톤으로 읽으면 상대방의 의견을 물어보는 '너는 어떻게 생각해?'라는 뜻이 돼요.

118 한권 한달 완성 스페인어 말하기 Lv.2

2 i 불규칙 동사 : seguir

seguir도 i 불규칙이자 go 불규칙 동사예요. 또한 '따르다, 쫓다, 팔로우하다' 등 다양한 뜻을 가지고 있어요.

	seguir 따르다
yo	sigo
tú	sigues
él/ella/usted	sigue
nosotros/as	seguimos
vosotros/as	seguís
ellos/ellas/ustedes	siguen

¡Yo te sigo en Instagram!

나는 너를 인스타에서 팔로우 해!

¿Sigues con él?

너는 그를 계속 만나?

Seguimos adelante.

앞으로 나아가자.

¿Por qué me siguen ustedes?

왜 당신들은 나를 따라와요?

오늘의 Plus⁺ 실전 회화

Esta blusa es bonita, ¿no? ¿Qué dices?
이 블라우스 예쁘다, 그치? 어때?

Pues, sí. Es bonita.
음, 응. 예뻐.

¿Y esta camisa? Ahora el rosa está de moda.
¿Qué crees?
이 셔츠는? 지금 분홍색이 유행이야. 어떻게 생각해?

Pues... Sí. Creo que es bonita.
음... 응. 예쁜 것 같아.

 어휘

□ la blusa 블라우스　　　　　□ la camisa 셔츠
□ el rosa 분홍색　　　　　　　□ espiar 스파이짓 하다/염탐하다

¿Tú sigues a Diana? ¿A esa chica mala?

너 디아나 팔로우 해? 그 나쁜 애를?

¿Cómo sabes eso?

어떻게 그걸 알아?

Pues, porque te sigo en Instagram. ¿Me dices mentiras?

뭐, 나 너 인스타에서 팔로우하니까. 너 나에게 거짓말 해?

¿Me espías en Instagram?

너 인스타에서 날 스파이 짓 하는 거야?

이것만은 꼭!

★ 무슨 소리야!

　¡Qué dices!

★ 너는 사실을 말해야 해.

　Tienes que decir la verdad.

★ 앞으로 나아가자!

　¡Seguimos adelante!

오늘의 연습문제

1 주어에 맞춰 decir 동사의 현재시제 변형을 적으세요.

❶ Ustedes ▶ _____

❷ Elena y yo ▶ _____

2 다음 한국어 문장들을 스페인어로 바꾸세요.

❶ 너 무슨 소리야?

▶ _____

❷ 나는 너를 팔로우 해.

▶ _____

❸ 너 그녀를 계속 만나?

▶ _____

3 한국어 뜻을 참고하여 다음 메시지 빈칸에 들어갈 동사를 적으세요.

메시지	🛜 📶 🔋

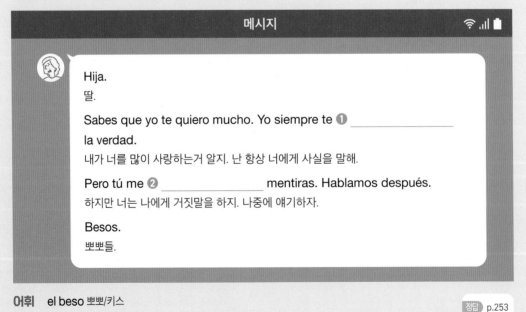

Hija.
딸.

Sabes que yo te quiero mucho. Yo siempre te ❶ _____ la verdad.
내가 너를 많이 사랑하는거 알지. 난 항상 너에게 사실을 말해.

Pero tú me ❷ _____ mentiras. Hablamos después.
하지만 너는 나에게 거짓말을 하지. 나중에 얘기하자.

Besos.
뽀뽀들.

어휘 el beso 뽀뽀/키스

정답 p.253

여행 Plus

커피의 나라, 콜롬비아

여러분, '커피'하면 어떤 나라가 떠오르시나요? 아마 몇몇 국가가 떠오르실텐데요, 그중 중남미의 콜롬비아를 빼놓을 순 없겠죠! 콜롬비아는 세계적으로 유명한 고품질 커피 생산지로, 특히 그 맛과 향이 일품이거든요.

콜롬비아의 커피 농장은 안데스 산맥의 풍부한 토양과 기후 덕분에 뛰어난 커피를 생산해요. 특히 2011년 유네스코 세계 문화유산으로 등재된 파이사(Paisa) 지대의 커피는 세계적으로 품질이 좋기로 유명해요. 많은 커피 애호가들이 살렌토(Salento), 아르메니아(Armenia), 마니살레스(Manizales)와 같은 도시를 방문해서 커피 한 잔의 여유를 즐긴답니다.

물론 커피 외에도 콜롬비아에는 다양한 즐길거리가 가득해요. 수도 보고타(Bogotá)는 역사적인 명소와 현대적인 매력이 공존하는 도시로, 1811년에 완성된 보고타 대성당(Catedral Primada de Bogotá)과 보테로 박물관(Museos del Banco de la República) 등이 인기 관광 명소예요.

그리고 시간이 된다면 콜롬비아 북쪽 끝에 위치한 카르타헤나(Cartagena)의 아름다운 해변과 스페인의 흔적이 남아 있는 구시가지를 꼭 방문해 보세요. 유네스코 세계문화유산으로 지정된 이 도시에서는 카리브해의 아름다운 바다와 함께 편안하고 따뜻한 휴식을 취할 수 있어요.

마지막으로 자연을 좋아한다면 타이로나(Tayrona) 국립공원도 가 볼 만해요. 아름다운 해변과 울창한 정글에서 하이킹과 캠핑을 즐길 수도 있어요. 이곳에는 원주민들이 살고 있어서, 공원의 일부 지역은 방문객의 출입이 통제되기도 한다네요!

콜롬비아 여행 TIP

콜롬비아는 여행자들에게 매력적인 나라이지만 치안이 좋지는 않아요. 밤에 혼자 걸어다니거나 외진 곳을 방문하지 않는 것이 좋아요. 그리고 콜롬비아에서 택시를 이용할 경우 요금은 미리 확인하는 편이 좋아요.

15

¿Recuerdas?

기억나?

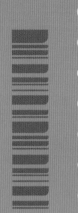

오늘의 주제

✓ ue 불규칙 – dormir, recordar 동사

오늘의 미션

✓ 나는 잠을 많이 자.
✓ 우리는 잠을 잘 못 자요.
✓ 기억나?

MP3 전체 듣기

오늘의 회화

 Oye, ¿qué pasa? ¿No duermes bien estos días?

 No, no, no. Es que tengo resaca.
Puff. No recuerdo nada.

 Jajaja. Claro. Tú bebes mucho.
Vamos a comer algo. Te invito.

 ¡Qué va! Estoy cansadísimo. Voy a ir a casa.

F 애, 무슨 일이야? 요즘 잠 잘 못 자?
M 아니, 아니. 그게 숙취가 있어서 그래.
   휴. 하나도 기억이 안 나.
F ㅋㅋㅋ 그렇겠지. 넌 많이 마셔.
   뭐 좀 먹자. 내가 살게.
M 아우 아니야!!! 나 너무 피곤해. 집에 갈 거야.

어휘

□ estos días 요즘　　　　　　　　　□ puff 아휴
□ invitar 초대하다, 사주다　　　　　□ qué va 절대 아니야

회화 포인트

claro는 '당연하지!'라는 의미로 많이 쓰지만 상대방의 말을 비꼬면서 '그렇겠지, 아무렴, 그러시겠죠~'라는
뜻으로도 사용돼요.

오늘의 핵심 표현

1 ue 불규칙 동사 : dormir

dormir는 ue 불규칙 동사로 어간의 o가 현재시제에서 ue라고 바뀌어요.

	dormir 잠을 자다
yo	duermo
tú	duermes
él/ella/usted	duerme
nosotros/as	dormimos
vosotros/as	dormís
ellos/ellas/ustedes	duermen

¿Duermes mucho?   너는 많이 자?

Sí, duermo muchísimo.   응, 나는 엄청 많이 자.

¿Duermes bien?   너는 잘 자?

No, no duermo bien estos días.   아니, 나는 요즘 잘 못 자.

¿Cuántas horas duermes?   너는 몇 시간 자?

Duermo ocho horas.   나는 여덟 시간 자.

¿A qué hora duermes?   너는 몇 시에 자?

Duermo a las diez.   나는 10시에 자.

📍¡OJO! '몇 시에~?'라고 물어볼 때는 '¿A qué hora...?'라고 말해요.

2 ue 불규칙 동사 : recordar

	recordar 기억하다
yo	recuerdo
tú	recuerdas
él/ella/usted	recuerda
nosotros/as	recordamos
vosotros/as	recordáis
ellos/ellas/ustedes	recuerdan

¿Recuerdas?	기억나?
No, no recuerdo nada.	아니, 아무것도 기억나지 않아.

¿Recuerdas bien a tu ex?	너는 네 전 연인이 잘 기억나?
No quiero recordar.	기억하고 싶지 않아.

¿Me recuerdas?	너는 나를 기억해?
Claro. Te recuerdo.	그럼. 나는 너를 기억해.

오늘의 Plus+ 실전 회화

회화문1

¡Hombre, Jaime! ¡Cuánto tiempo!

어머, 하이메! 오랜만이다!

Eee... ¿Quién eres? ¿Te conozco?

음... 누구야? 내가 너 알아?

¿No me recuerdas? Soy Olivia.

나 기억 안 나? 나 올리비아야.

¡Ah! Sí, sí. Te recuerdo. ¡La prima de Inés!

아! 응, 응. 너 기억 나. 이네스의 사촌!

어휘	
□ hombre 어머	□ el primo 사촌
□ tener razón (의견, 말이) 맞다	

Hoy vamos a comprar un regalo para Sara. ¿Recuerdas?

우리 오늘 사라를 위한 선물 하나 사러 가잖아. 기억 나?

Ah, sí. Estoy mal. Es que no duermo bien.

아, 맞아. 나 상태가 나빠. 그게 나 잠을 잘 못 자거든.

Tienes que descansar bien.

너는 잘 쉬어야 해.

Sí, tienes razón.

응, 네 말이 맞아.

이것만은 꼭!

★ 나는 잠을 많이 자.

Duermo mucho.

★ 우리는 잠을 잘 못 자요.

No dormimos bien.

★ 기억나?

¿Recuerdas?

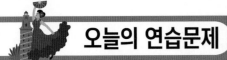

오늘의 연습문제

1 다음 한국어 인칭대명사에 맞게 dormir 동사의 현재시제 변형을 적으세요.

❶ 그녀들 ▶ _____

❷ 당신 ▶ _____

❸ 너희 ▶ _____

2 다음 문장들 중 틀린 부분을 찾아 바르게 고치세요.

❶ Yo no recordo nada.

▶ _____

❷ Duermo muy bien estes días.

▶ _____

❸ Yo te invitas hoy.

▶ _____

3 다음 문장을 한국어로 바르게 바꾼 것을 고르세요.

보기	무슨 일이야?

❶ ¿Qué pasar?　　❷ ¿Cómo pasa?　　❸ ¿Qué pasa?　　❹ ¿Qué paso?

정답 p.254

QUIZ

퀴즈 Plus

아래 가로 세로 낱말 퀴즈를 풀어 보세요!

세로 열쇠	가로 열쇠
❶ 사무실/회사	❹ 셔츠
❷ 초대하다, 사주다	❺ 사촌
❸ 거짓말	❻ 앞으로
	❼ 너무 좋은
	❽ 침착한/조용한

정답 p.258

Capítulo

16

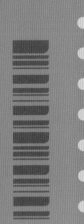

¿Puedo pasar?
저 지나가도 될까요?

📑 오늘의 주제

✓ ue 불규칙 - poder 동사
✓ poder 동사 활용하기

📑 오늘의 미션

✓ 나 스페인어 할 수 있어.
✓ 너는 나를 도와줄 수 있어?
✓ 저 사진 찍어도 돼요?

MP3 전체 듣기

¡Buenas! ¿Está abierto? ¿Puedo pasar?

 Claro. Puedes pasar. Pasa, pasa.
¿Puedes hablar español?

 Sí, un poquito. ¿Puedo tomar fotos?

 Sí, pero sin flash. Hay que pagar la entrada ahora.

F 안녕하세요! 오픈 했나요? 들어가도 돼요?
M 그럼요. 들어와도 돼요. 들어와요. 스페인어 할 수
   있어요?
F 네, 쬐금요. 저 사진 찍어도 돼요?
M 네, 그런데 플래시 없이요. 지금 입장료 내야 해요.

어휘	
□ la entrada 입구, 입장권	□ dar 주다
□ la cuchara 숟가락	□ tocar 만지다

회화 포인트

아침, 점심, 저녁이라는 시간대에 상관 없이 언제든 쓸 수 있는 인사 표현으로 ¡Buenas!가 있어요. 인사말이
헷갈리면 언제든, 어디든 이렇게 말해 보세요.

오늘의 핵심 표현

1 ue 불규칙 동사 : poder

'~할 수 있다'라는 뜻의 poder 동사도 ue 불규칙이에요.

	poder ~할 수 있다
yo	puedo
tú	puedes
él/ella/usted	puede
nosotros/as	podemos
vosotros/as	podéis
ellos/ellas/ustedes	pueden

Yo puedo con todo.	나는 다 할 수 있어.
¡Vamos, tú puedes!	화이팅, 넌 할 수 있어!
No puedo contigo.	나는 너한테는 못 당하겠다.

2 poder 동사 활용하기 (1) : ~할 수 있다

> **poder + 동사원형**

Puedo hablar español.	나는 스페인어를 말할 수 있어.
¿Puedes hablar español?	너는 스페인어를 말할 수 있어?
¿Puedes hablar bajito?	너는 작게 말할 수 있어?
¿Me puedes esperar?	너는 나를 기다릴 수 있어?

¿Me puedes ayudar?	너는 나를 도와줄 수 있어?
¿Me puedes dar una cuchara?	너는 나에게 숟가락 하나 줄 수 있어?
No puedo comer sin salsa.	나는 소스 없이 먹을 수 없어.
No podemos vivir aquí.	우리는 여기서 살 수 없어.

3 poder 동사 활용하기 (2) : ~해도 된다

부정문일 경우 '~하면 안된다'라고 해석하면 돼요.

poder + 동사원형

¿Puedo pasar?	저 지나가도 될까요?
¿Podemos tocar?	우리 만져봐도 돼요?
¿Puedo pagar ahora?	저 지금 결제해도 돼요?
No puedes tomar fotos.	너는 사진 찍으면 안돼.
Lola no puede comer esto.	롤라는 이것을 먹으면 안돼.

오늘의 Plus⁺ 실전 회화

Perdona, ¿puedo tocar esto?

저, 저 이거 만져봐도 돼요?

No, sólo puedes mirar. ¿Podéis hablar bajito?

아니, 볼 수만 있어. 너희 작게 말할 수 있어?

Ay, perdón. Claro.

앗, 죄송해요. 그럼요.

Gracias. Es que estáis en un museo.

고마워. 너희 박물관에 있잖아.

어휘

□ el museo 박물관

Hoy no salgo con Manolo. Salgo con David.

오늘 나는 마놀로랑 안 만나. 다빈이랑 만나.

¿En serio? ¿Y tu novio Manolo?

진심이야? 네 남자친구 마놀로는?

¿No puedo salir con dos chicos?

나 두 남자를 만나면 안되니?

Ay, no puedo contigo. Eres muy mala.

아이, 너한테 못 당하겠다. 넌 참 나빠.

이것만은 꼭!

★ 나 스페인어 할 수 있어.

Puedo hablar español.

★ 너는 나를 도와줄 수 있어?

¿Me puedes ayudar?

★ 저 사진 찍어도 돼요?

¿Puedo tomar fotos?

1 다음 한국어 인칭대명사에 맞게 poder 동사의 현재시제 변형을 적으세요.

❶ 우리 ▶ _____

❷ 너희 ▶ _____

❸ 그들 ▶ _____

2 각 문장에 어울리는 대답을 연결하세요.

❶ ¡Tú puedes! •   • a. Gracias.

❷ ¿Puedo pasar? •   • b. No, ahora no puedes.

❸ ¿Qué pasa? •   • c. Nada.

3 다음 한국어 문장들을 스페인어로 바꾸세요.

❶ 너는 스페인어 할 수 있어?

▶ _____

❷ 저 사진 찍어도 돼요?

▶ _____

정답 p.254

정열과 열정의 춤

중남미와 스페인에는 열정이 가득 담긴 춤과 음악이 있어요. 그중 스페인의 플라멩코, 아르헨티나의 탱고, 쿠바의 살사는 각 지역을 대표하는 춤이에요.

스페인의 플라멩코(flamenco)

플라멩코는 스페인 안달루시아 지방에서 유래되었어요. 기타의 감미로운 선율과 강렬한 손뼉 소리, 그리고 열정적인 발걸음이 어우러져 독특한 매력을 발산해요. 일반적으로 플라멩코 공연은 춤(baile), 노래(cante), 기타 연주(toque)로 구성되는데, 사람의 모든 감정과 심리 상태를 풍부하게 표현하는 것이 특징이에요.

아르헨티나의 탱고(tango)

탱고는 아르헨티나의 부에노스 아이레스에서 유래된 춤으로, 섬세한 바이올린 연주와 복잡한 리듬이 특징이에요. 탱고의 춤과 음악은 감성적이고 강렬한데요, 파트너와의 긴밀한 호흡이 아주 중요해요. 신중하고 우아한 움직임 속에서도 강렬한 열정을 표현한답니다.

쿠바의 살사(salsa)

살사는 1950-60년대에 뉴욕으로 이주한 쿠바인과 푸에르토리코인들이 발전시킨 춤 장르로, 빠르고 경쾌한 리듬이 매력적이에요. 기본 동작은 간단하지만, 숙련된 댄서들은 다양한 변형 동작과 멋진 회전으로 기술을 뽐냅니다. 살사는 마을 축제나 파티에서 자유롭게 즐길 수 있을 만큼 대중적이고 공개적인 춤이어서 누구나 부담없이 배울 수 있답니다.

Capítulo 16 ¿Puedo pasar? **139**

Capítulo 17

Más vale tarde que nunca.

늦은 때는 없다.

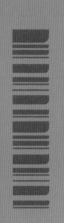

오늘의 주제

- ✓ 우등 비교
- ✓ 열등 비교

오늘의 미션

- ✓ 너는 마리오 까사스보다 잘생겼어.
- ✓ 어제보다 맛있어요.
- ✓ 늦은 때는 없다.

MP3 전체 듣기

오늘의 회화

 ¿Quién es este? Es guapísimo.

 Este es mi hermano, Mario.
Es más bonito que yo, la verdad.

 Sí. ¿Es de fiestas? ¿Sale más que tú?
Pues, ¿tiene novia?

 No entiendo, pero él nunca sale.
Nunca habla con las chicas.

F 이 남자 누구야? 너무 잘생겼다.
M 얘 내 형제야, 마리오. 나보다 잘생겼지, 솔직히.
F 맞아. 파티 좋아해? 너보다 더 놀아? 음, 여자친구
    있어?
M 이해할 수 없는데 절대 안 나가. 여자들이랑 절대
    말 안 해.

어휘	
□ nunca 절대	□ entender 이해하다
□ barato 저렴한	□ nadie 아무도

회화 포인트

스페인어권을 여행하거나 살다 보면 다양한 커플들을 볼 수 있어요. 우리나라보다 다양한 성의 형태와 기호
가 있답니다. :)

1 우등 비교 : 더 ~하다

'~보다 더 ~하다'는 아래 구조로 이야기해요. 형용사를 비교할 때는 주어에 맞게 항상 성수일치를 해
주며 동사를 비교할 때는 más 와 que 사이에 아무 단어도 들어가지 않아요.

> **주어 + 동사 + más 형용사 que 비교대상**

Yo soy más grande que **tú.**
나는 너보다 커.

Estoy más cansado que **ayer.**
나는 어제보다 더 피곤해.

Está más barato que **ayer.**
어제보다 더 저렴해.

> **주어 + 동사 + más que 비교대상**

Yo hablo más que **tú.**
나는 너보다 많이 말해.

Tú comes más que **nosotros.**
너는 우리보다 더 먹는다.

Te quiero más que **nadie.**
난 너를 누구보다도 더 사랑해.

2 열등 비교 : 덜 ~하다

'~보다 덜 ~하다'는 아래 구조로 이야기해요.

> **주어 + 동사 + menos 형용사 que 비교대상**

Yo soy menos grande que tú.
나는 너보다 덜 커.

Estoy menos cansado que ayer.
나는 어제보다 덜 피곤해.

Está menos barato que ayer.
어제보다 덜 저렴해.

> **주어 + 동사 + menos que 비교대상**

Yo hablo menos que tú.
나는 너보다 덜 말해.

Tú comes menos que nosotros.
너는 우리보다 덜 먹는다.

Mis hijos lloran menos que tú.
내 자식들이 너보다 덜 울어.

📍**¡OJO!** 보통 열등 비교보다 우등 비교를 더 많이 사용해요. 예를 들어, '내가 너보다 덜 작다'보다 '내가 너보다 더 크다'라고 말한답니다.

오늘의 Plus 실전 회화

¿Usted aprende español?

당신은 스페인어를 배우세요?

Sí, es más fácil que el inglés.

네, 영어보다 더 쉬워요.

¿De verdad? Guau.

Tiene sesenta años y aprende un idioma.

진짜로요? 와. 예순이시고 언어를 하나 배우시네요.

Bueno, más vale tarde que nunca.

뭐, 늦은 때는 없죠.

- el idioma 언어
- por supuesto 물론/당연하지
- más o menos 그럭저럭
- desayunar 아침 먹다

¡Hola! ¿Cómo estás? ¿Hablas español?

안녕! 어떻게 지내? 너 스페인어 해?

Más o menos. Pero, ¿me recuerdas?

그럭저럭. 근데 너 나를 기억해?

Por supuesto. Todos los días desayunas aquí.

그럼. 너 매일 여기서 아침 먹잖아.

Jajaja. Sí. Hoy el café está más rico que ayer.

ㅎㅎㅎ 맞아. 오늘 카페 어제보다 맛있다.

이것만은 꼭!

★ 너는 마리오 까사스보다 잘생겼어.

Eres más guapo que Mario Casas.

★ 어제보다 맛있어요.

Está más rico que ayer.

★ 늦은 때는 없다.

Más vale tarde que nunca.

오늘의 연습문제

1 다음 표현들을 스페인어로 적으세요.

❶ 그럭저럭. ▶ _____

❷ 늦은 때는 없다. ▶ _____

2 다음 한국어 문장들을 스페인어로 바꾸세요.

❶ 나는 너보다 더 똑똑해.

▶ _____

❷ 나는 너보다 더 먹어.

▶ _____

3 다음 어휘들의 순서를 바르게 정렬해 문장을 완성하세요.

❶ más   que   barato   ese   es   (그것보다 더 저렴해요.)

▶ _____

❷ es   dulce   menos   el zumo   que   (주스보다 덜 달아요.)

▶ _____

❸ ayer   quiero   te   más   que   (어제보다 너를 더 사랑해.)

▶ _____

정답 p.254

어휘 Plus

 스페인어로 다양한 날짜, 시간 관련 어휘를 말해 보세요.

hoy	오늘	ayer	어제
mañana	내일	pasado mañana	모레
el día	하루	la semana	주
el mes	달	el año	년(해)
la semana pasada	지난 주	esta semana	이번주
la próxima semana	다음주	la hora	시간
el minuto	분	el segundo	초
la mañana	아침	la tarde	오후
la noche	밤	el mediodía	정오

Que tenga un buen día.

¡Hasta mañana!

Capítulo

18

Estoy mejor.

전 나아졌어요.

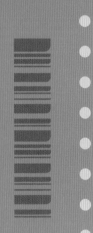

오늘의 주제

✓ 비교급 불규칙

오늘의 미션

✓ 전 나아졌어요.
✓ 내가 너보다 나이가 많아.
✓ 내 여자형제는 나보다 어려.

MP3 전체 듣기

오늘의 회화

 Hola, guapo. ¿Cómo estás? ¿Estás mejor?

 Pues, sí. Estoy mejor. Estoy mejor sin ella, la verdad.

 Amigo, ¿sabes qué? Tiempo al tiempo.
¡Ven conmigo al bar hoy!

 Vale. Tengo que salir más. Te invito a cenar.

F 안녕, 친구야. 잘 지내? 좀 나아졌어?
M 음, 응. 나 좋아졌어. 걔 없이 더 잘 지내, 솔직히.
F 친구야. 그거 알아? 시간이 약이야. 오늘 나랑 술집 가자!
M 알겠어. 난 더 나가야 해. 내가 저녁 살게!

□ tiempo al tiempo 시간이 약이야   □ cenar 저녁 먹다
□ venir 오다   □ el ordenador 컴퓨터

회화 포인트

Ven은 venir(오다) 동사의 명령형이기 때문에 'Ven conmigo.'를 직역하면 '나랑 와.'가 되지만 실제로는 '나랑 같이 가자.'라고 해석해요. 내가 가는 곳에 상대방도 오라고 할 때 사용하면 됩니다. Hoy voy a casa de Semi. ¡Ven conmigo! (나 오늘 세미네 집 가. 같이 가자!)

1 비교급 불규칙

'더 나은, 더 나쁜, 더 나이 많은, 더 어린'은 más나 menos를 사용하지 않고 비교급 자체 형용사를 사용해요.

más / menos	bueno (X)		mejor	더 나은
	malo (X)	→	peor	더 나쁜
	viejo (X)		mayor	더 나이 많은
	joven (X)		menor	더 어린

Mi novio es más bueno que tú. (X)

→ Mi novio es mejor que tú. 　　　　　내 남자친구가 너보다 나아.

Este bar es más malo que ese. (X)

→ Este bar es peor que ese. 　　　　　이 술집이 그거보다 안 좋아.

Yo soy más viejo que tú. (X)

→ Yo soy mayor que tú. 　　　　　내가 너보다 나이가 많아.

Tú eres más joven que mi hermano. (X)

→ Tú eres menor que mi hermano. 　　　　　너가 내 남자형제보다 더 어려.

¿Cuál es mejor? ¿Café o té?

뭐가 더 나아? 커피 아니면 차?

El café es mejor que té.

커피가 차보다 더 나아.

¿Cuál es peor? ¿Beber o fumar?

뭐가 더 나빠? 술 마시는 거 아니면 담배피는 거?

Fumar es peor que beber.

담배피는 게 술 마시는 것보다 너 나빠.

¿Quién es mayor? ¿Tu novio o tú?

누가 더 나이가 많아? 네 남자친구 아니면 너?

Yo soy mayor que mi novio.

내가 내 남자친구보다 더 나이가 많아.

¿Quién es menor? ¿Tu hermana o Valeria?

누가 더 어려? 너의 여자형제 아니면 발레리아?

Valeria es menor que mi hermana.

발레리아가 내 여자형제보다 어려.

Sois menores que yo.

너희는 나보다 어려.

¡OJO! 비교급 불규칙 형용사들은 여성형은 없지만 복수형은 있어요.
예) mejores, peores, mayores, menores

Mi tío es más bueno que yo.

내 삼촌은 나보다 더 착해.

Este ordenador es más viejo que ese.

이 컴퓨터는 저것보다 더 낡았어.

¡OJO! 인성을 나타낼 때는 bueno, malo 앞에 más, menos를 사용할 수 있고, 물건의 낡음을 나타낼 때는 viejo 앞에 más, menos를 사용할 수 있어요.

Estoy de camino a casa.

나 집에 가는 중이야.

Eres más lenta que una tortuga...

너는 거북이보다 느리다...

¡Es que voy caminando! No hay autobuses hoy.

Eres peor que mi hermano.

걸어가는 중이라서 그래! 버스 없어 오늘. 너는 내 형제보다 나빠.

Vale. Te espero aquí, tortuga.

알았어. 여기서 너를 기다릴게, 거북아.

어휘

□ lento 느린
□ un momento 잠깐만
□ la tortuga 거북이
□ el respeto 존중

¡Ya voy! Un momentito.

이제 가! 잠깐만.

Ya voy a comer. No puedo esperar más.

이제 나 먹을 거야. 더 기다릴 수 없어.

Un poco de respeto, por favor, ¿eh? Soy mayor que tú.

존중 좀 해 주실래요? 내가 너보다 나이 많아.

Sé que eres coreana pero estamos en México.

너가 한국인인 거 알지만 우리 멕시코에 있어.

이것만은 꼭!

★ 전 나아졌어요.

Estoy mejor.

★ 내가 너보다 나이가 많아.

Soy mayor que tú.

★ 내 여자형제는 나보다 어려.

Mi hermana es menor que yo.

오늘의 연습문제

1 한국어 뜻을 참고하여 다음 빈칸을 채우세요.

보기	mejor	peor	mayor	menor

❶ La piña colada es _____ que el mojito.   피냐콜라다가 모히또보다 나아.

❷ Martina es _____ que Carla.   마르띠나는 까를라보다 어려.

❸ Eres _____ que mi novio.   너는 내 남자친구보다 나빠.

2 다음 문장들 중 <u>틀린</u> 부분을 찾아 바르게 고치세요.

❶ Somos mejor que vosotros.

▶ _____

❷ Ella es mayora.

▶ _____

❸ ¿Quién es más menor?

▶ _____

3 다음 한국어 문장을 스페인어로 바르게 바꾼 것을 고르세요.

보기	너 괜찮아졌어? 나아졌어?

❶ ¿Eres mejor?

❷ ¿Eres mayor?

❸ ¿Estás mayor?

❹ ¿Estás mejor?

정답 p.254

제시된 우리말을 참고하여, 낱말 퍼즐 안에 숨어있는 10가지 단어를 찾아보세요.

N	U	N	C	A	O	L	K	I	A
E	D	F	L	V	P	F	Q	F	I
U	N	E	Q	A	E	E	Q	Y	D
T	T	T	S	C	I	N	V	L	I
X	O	N	R	A	P	A	I	Z	O
L	C	A	Q	A	Y	K	F	R	M
E	A	D	R	W	D	U	W	D	A
N	R	I	O	K	T	A	N	S	G
T	R	E	S	P	E	T	O	A	M
O	C	F	A	P	U	I	Q	C	R

❶ 분홍색	❻ 언어
❷ 입구, 입장권	❼ 아침먹다
❸ 만지다	❽ 오다
❹ 절대	❾ 느린
❺ 아무도	❿ 존중

정답 p.258

Capítulo 19

La playa más bonita del mundo

세상에서 가장 예쁜 해변

오늘의 주제

✓ 최상급

오늘의 미션

✓ 세상에서 가장 예쁜 해변
✓ 스페인에서 가장 맛있는 음식이에요.
✓ 너가 가장 예뻐.

MP3 전체 듣기

Oye, ¿entonces salimos mañana?
¡Estoy muy emocionada!

 Sí. Mañana vamos a conocer la playa más bonita del mundo.

 ¡Qué emoción! Cariño, tú eres el novio más amable del mundo.

 Y tú eres la novia más cariñosa del mundo.
¡Te quiero mucho!

F 그러면 우리 내일 출발이야? 나 너무 설레!
M 응. 우리 내일 세상에서 가장 예쁜 해변에 가 볼거야.
F 너무 설렌다! 자기야, 세상에서 가장 친절한 남친이야.
M 자기는 세상에서 가장 애교 많은 여자친구야.
너무 사랑해!

어휘

□ entonces 그러면
□ el país 나라
□ cariñoso 사랑스러운, 애교 있는
□ el mundo 세상

 회화 포인트

'설렌다!, 신난다!'는 estar 동사를 사용해 Estoy emocionado/a. 라고 하거나, 감탄문의 형태로 의문사 qué 를 사용해 ¡Qué emoción!이라고 하기도 해요. 여러분도 신나고 설레는 상황에 이렇게 외쳐 보세요!

오늘의 핵심 표현

1 최상급

최상급도 más라는 단어가 들어가지만, 비교급과 다르게 반드시 más 앞에 정관사를 사용해요. 정관사와 형용사는 주어의 성수에 맞춰 넣어요. 또한 정관사와 más 사이의 명사는 생략도 가능한데 이경우 '가장 ~한 것/사람'이라고 해석하면 돼요.

> **주어 + 동사 + 정관사 + (명사) + más 형용사 de 비교대상**

Yo soy   el estudiante más inteligente   de nosotros.
나는   가장 똑똑한 학생   우리 중에서

Yo soy el más inteligente de nosotros.
나는   가장 똑똑한 사람   우리 중에서

❶ 명사가 있는 최상급

México es el país más bonito de Latinoamérica.
멕시코는 라틴아메리카에서 가장 예쁜 나라야.

La playa más bonita del mundo está en Varadero.
세상에서 가장 예쁜 해변은 바라데로에 있어.

¿Cuál es el plato más rico de aquí?
여기서 가장 맛있는 음식이 뭐예요?

Tú eres la chica más guapa.
너가 가장 예쁜 여자야.

❷ 명사가 없는 최상급

¿Quién es la más guapa?

누가 가장 예뻐?

Tú eres la más guapa.

너가 가장 예뻐.

¿Quién es el más amable de vosotros?

너희 중에 누가 가장 친절해?

Yo soy el amable de nosotros.

우리 중에 내가 가장 친절해.

¿Quién es la más tacaña de ellas?

그녀들 중에 누가 가장 인색해?

Daniela es la más tacaña de ellas.

그녀들 중에 다니엘라가 가장 인색해.

오늘의 Plus⁺ 실전 회화

 회화문1

¿Son tus hermanos? Guau, todos son guapos.

네 형제들이야? 와, 다들 잘생겼다.

Pues, yo soy el más guapo de nosotros.

뭐, 내가 우리 중에서 가장 잘생겼어.

Bueno, no sé. ¿Ellos también piensan igual?

음, 글쎄. 그들도 똑같이 생각해?

Creo que no. Todos tienen un carácter fuerte.

아닐 걸. 다들 성격이 세.

어휘 ✈

□ pensar 생각하다
□ el carácter 성격
□ recomendar 추천하다

□ igual 똑같이
□ fuerte 센
□ nuestro 우리의

¿Cuál es la bebida más rica de este bar?

이 술집에서 가장 맛있는 음료가 뭐예요?

Mmmm... Te recomiendo la piña colada.

음... 너에게 피냐콜라다를 추천해.

¿Y el tinto de verano?

띤또 데 베라노는요?

También es rico. Pero la piña colada es nuestra especialidad.

그것도 맛있어. 그런데 피냐콜라다가 우리 대표 메뉴예요.

이것만은 꼭!

★ 세상에서 가장 예쁜 해변

La playa más bonita del mundo

★ 스페인에서 가장 맛있는 음식이에요.

Es el plato más rico de España.

★ 너가 가장 예뻐.

Tú eres la más bonita.

오늘의 연습문제

1 다음 형용사를 스페인어로 적으세요.

❶ 신난   ▶ _____

❷ 사랑스러운, 애교 있는   ▶ _____

❸ 센   ▶ _____

2 다음 최상급 문장들을 스페인어로 바꾸세요.

❶ 그는 세상에서 가장 사랑스러운 남자친구예요.

▶ _____

❷ 우리는 여기서 가장 예쁜 여자들이에요.

▶ _____

❸ 어머니들은 세상에서 가장 세요.

▶ _____

3 다음 질문의 대답으로 적절하지 <u>않은</u> 것을 고르세요.

질문	¿Quién es el más inteligente?

❶ Yo soy la más inteligente.

❷ Tú eres el más inteligente.

❸ Nosotros somos el más inteligente.

❹ Maca es la más inteligente.

정답 p.254

여행 Plus

카리브해의 낭만이 가득한 곳, 쿠바

아메리카 대륙의 유일한 공산주의 국가인 쿠바는 피델 카스트로(Fidel Castro)와 체 게바라(Che Guevara)가 혁명을 일으킨 역사적인 장소로 널리 알려져 있지만, 그 이상의 매력을 지닌 나라예요.

쿠바의 수도인 아바나(Havana)는 해안에 위치해서 아름다운 노을을 볼 수 있는 곳인데요, 과거 스페인의 영향을 받았던 흔적이 고스란히 남아있는 곳이에요. 도시 곳곳에서는 1950년대 스타일의 클래식 자동차와 다양한 색의 건축물을 볼 수 있는데, 이곳은 세계적인 작가인 어니스트 헤밍웨이(Ernest Hemingway)가 노년을 보낸 곳으로도 유명해요.

또 다른 곳으로는 체 게바라의 역사적인 전투가 치뤄졌던 산타 클라라(Santa Clara)가 있어요. 산타클라라에는 체 게바라의 기념비와 박물관이 있는데, 이 기념비는 산타 클라라에서 가장 유명한 랜드마크 중 하나예요. 또 이곳에는 쿠바에서 가장 유명한 극장 중 하나인 라 카리다 극장(Teatro La Caridad)이 있는데, 오페라, 발레, 연극 등 다양한 공연이 열리고 있어요.

마지막으로 카리브해의 아름다움을 즐길 수 있는 곳으로 바라데로(Varadero) 비치가 있어요. 이곳은 쿠바의 대표적인 휴양지로 환상적인 백사장과 맑고 푸른 바다가 펼쳐진 곳이에요. 이곳에는 다양한 리조트와 호텔이 즐비하여, 관광객들에게 편안한 휴식을 제공해요. 또한, 산호초 탐험과 일몰 크루즈 등 특별한 투어 프로그램도 있어, 카리브해의 매력을 다양하게 즐길 수 있어요.

쿠바 여행 TIP

쿠바를 방문하면 다이키리(daiquiri)와 모히토(mojito)를 꼭 마셔 보세요. 럼과 라임주스를 섞어 만든 다이키리는 헤밍웨이가가 아바나에 머물며 즐겨 마셨던 것으로 유명하죠. 아바나를 방문한다면, 헤밍웨이의 흔적과 함께 다이키리를 한 잔 즐기는 건 어떨까요?

Capítulo

20

¡Eres el mejor!
너가 최고야!

오늘의 주제

✓ 최상급 불규칙

오늘의 미션

✓ 너가 최고야!

✓ 이게 최고의 맥주예요.

✓ 오늘 산책하기 딱 좋은 날이야.

MP3 전체 듣기

¡Hace muy buen tiempo!
Hoy es el mejor día para pasear.

Bueno, hoy no tengo que trabajar.
Hoy es el mejor día para dormir.

¡Qué dices! ¿No quieres salir?
Te invito a un café. Venga, vamos.

Yo quiero descansar, pesada. ¡Esto no es vida!

F 날씨가 너무 좋다! 오늘 산책하기 딱 좋은 날이다.
M 음, 난 오늘 일 안 해도 돼. 오늘은 자기 딱 좋은 날이야.
F 무슨 소리야! 나가고 싶지 않아? 커피 살게. 어서, 가자.
M 나는 쉬고 싶어, 자꾸 왜 그래. 이건 사는 게 아니야!

어휘

□ pasear 산책하다
□ pesado 짜증나게 하는 사람

□ Venga, vamos. 어서, 가자, 하자
□ el marido 남편

회화 포인트

다른 사람을 부추기는 표현으로 venga라는 표현을 사용해요. 원래는 venir 동사의 usted 명령으로 '오세요.'
라는 뜻이지만 회화에서는 '어서, 쫌, 어디 한번 해 봐.' 같은 뜻으로 쓰여요. 단, 중남미에서는 잘 사용하지 않
으니 주의하세요!

1 최상급 불규칙 : 정관사 + 비교급 불규칙

비교급 불규칙 어휘들은 최상급에서도 불규칙이에요. 최상급이니 형용사 앞에 정관사만 더해주면
됩니다. 물론 정관사는 주어, 가리키는 대상의 성수에 맞게 바꿔줘요. 또한 '가장 ~한 (명사)이다'라고
명사를 넣을 때는 형용사 뒤에 넣어줍니다.

비교급 불규칙	
mejor	더 나은
peor	더 나쁜
mayor	더 나이 많은
menor	더 어린

최상급 불규칙	
el/la mejor	최고의
el/la peor	최악의
el/la mayor	가장 나이 많은
el/la menor	가장 어린

¿Cuál es la mejor cerveza para ti?   너에게 최고의 맥주는 뭐야?

Terri es la mejor cerveza.   테리가 최고의 맥주야.

Terri es la mejor.   테리가 최고야.

Tú eres la peor mujer.   너는 최악의 여자/아내야.

Tú eres el peor marido.   너는 최악의 남편이야.

Tú eres el peor.   너는 최악이야.

¿Yo soy la mayor?   내가 가장 나이가 많아?

Sí, tú eres la mayor de nosotros.   응, 너가 우리 중에서 가장 나이가 많아.

¿Quién es el menor?   누가 가장 어려?

Alma es la menor.   알마가 가장 어려.

Mía y Emma son las menores.   미아와 엠마가 가장 어려요.

Estas son las mejores bebidas de Corea.   이것들은 한국에서 최고의 음료예요.

📍¡OJO! 주어나 가리키는 대상이 복수일 때는 정관사와 형용사 모두 복수로 바꿔요.

Mi mejor amigo.   나의 가장 친한 친구.

Mis mejores momentos.   나의 최고의 순간들.

📍¡OJO! 정관사 대신 소유형용사를 넣어도 최상급이 돼요.

회화문1

¿Tienes muchos amigos?

너 친구 많아?

No, no tengo muchos amigos.

아니, 나 친구 많지 않아.

Pero yo soy tu amiga, ¿no?

근데 나는 네 친구지?

Claro, ¡tú eres mi mejor amiga!

그럼, 너는 나의 가장 친한 친구야!

어휘

☐ aburrido 심심한
☐ volver 돌아오다
☐ dar una vuelta 한 바퀴 돌다/산책하다
☐ temprano 일찍

Estoy aburrida. ¿Damos una vuelta?

나 심심해. 산책 좀 할까?

No, no estoy para nada. Quiero estar en casa.

아니, 나 아무것도 하고싶지 않아. 집에 있고 싶어.

Venga. Eres la persona más aburrida del mundo, ¿sabes? ¡Y el peor marido del mundo también!

쫌. 너는 세상에서 가장 지루한 사람이야, 알아? 그리고 세상에서 제일 나쁜 남편!

Vale, vale. Pero volvemos temprano, ¿eh?

알았어, 알았어. 근데 일찍 돌아오자, 알겠지?

이것만은 꼭!

★ 너가 최고야!

¡Tú eres el/la mejor!

★ 이게 최고의 맥주예요.

Esta es la mejor cerveza.

★ 오늘 산책하기 딱 좋은 날이야.

Hoy es el mejor día para pasear.

오늘의 연습문제

1 다음 동사원형을 스페인어로 적으세요.

❶ 산책하다   ▶ _____

❷ 돌아오다   ▶ _____

2 한국어 뜻을 참고해 빈칸에 들어갈 정관사와 형용사를 고르세요.

보기	el la los las mejor peor mejores peores

❶ _____ _____ abuelo   최고의 할아버지

❷ _____ _____ vinos   최악의 와인들

❸ _____ _____ panaderías   최악의 빵집들

3 다음 한국어 문장들을 스페인어로 바꾸세요.

❶ 내가 최고야!

▶ _____

❷ 오늘 스페인어 공부하기 딱 좋은 날이야.

▶ _____

정답 p.254

아래 가로 세로 낱말 퀴즈를 풀어 보세요!

세로 열쇠	가로 열쇠
❺ 센	❶ 일찍
❻ 성격	❷ 생각하다
❼ 심심한	❸ 사랑스러운, 애교 있는
❽ 짜증나게 하는 사람	❹ 추천하다

정답 p.258

Capítulo 21

Estoy buscando un cajero.

저는 ATM을 찾는 중이에요.

오늘의 주제

✓ 현재진행형
✓ 불규칙 현재분사

오늘의 미션

✓ 나 다 왔어!
✓ 우리는 여행하는 중이야.
✓ 너는 무슨 소리 하는 거야?

MP3 전체 듣기

Perdona, estoy buscando un cajero.
¿No hay cajeros cerca de aquí?

Pues, no sé. No soy de aquí. Soy turista.

¡Yo también! Yo también estoy viajando.
¿Qué vas a hacer hoy?

Pues, no tengo plan.
Podemos hacer algo juntos, si quieres.

F 저기요, ATM을 찾고 있어요. 이 근처에 ATM 없어요?
M 음, 몰라요. 저 여기 출신 아니에요. 관광객이에요.
F 저도요! 저도 여행 중이에요. 오늘 뭐 할 거예요?
M 음, 계획 없어요. 뭔가 함께 해도 돼요, 원한다면.

어휘

☐ el cajero ATM
☐ junto 함께

☐ el plan 계획
☐ venir 오다

🎸 회화 포인트

스페인은 전세계에서 관광객이 두 번째로 많은 나라예요. 따라서 여행 중 수많은, 다양한 인종을 만날 수 있어요. 여러분이 혼자 여행 중이라면 하루쯤 다른 나라 여행객들과 함께 보내는 것도 추천해요. 새로운 것도 배우고 심심함도 덜 수 있어요.

오늘의 핵심 표현

1 현재진행형

'~하고 있다/~하는 중이다'는 estar 동사와 현재분사의 조합으로 사용해요. estar 동사는 주어가 누군 지 알려주기만 하는 조동사이고 무엇을 하는지는 현재분사로 넣어요. 현재분사는 -ar 동사는 그 자리 에 ando, -er/ir 동사는 iendo를 넣어주면 돼요!

estar ➕	현재분사	-ar → ando
		-er/-ir → iendo
	hablando	
	esperando	
	estudiando	
	comiendo	
	viviendo	

¿Qué está haciendo usted?	당신 뭐 하는 중이에요?
Estoy buscando un cajero.	저는 ATM을 찾는 중이에요.
¿Estás saliendo de casa?	너 집에서 나오는 중이야?
Estoy llegando.	나 다 왔어.
¿Qué estáis haciendo en Bilbao?	너희 빌바오에서 뭐 하고 있어?
Estamos viajando.	우리는 여행하는 중이야.
¿Estás limpiando?	너는 청소하는 중이야?
Sí, estoy limpiando tu habitación.	응, 나 네 방 청소하는 중이야.
¿Qué estás haciendo?	너 뭐 하는 중이야?
Te estoy esperando.	나 너를 기다리는 중이야.

2 불규칙 현재분사

i 불규칙	decir → diciendo
	seguir → siguiendo
ie 불규칙	venir → viniendo
ue 불규칙	dormir → durmiendo
그 외	ir → yendo
	creer → creyendo

Él está diciendo mentiras.   그는 거짓말을 하는 중이야.

La camarera está durmiendo.   여자 종업원은 자는 중이야.

Estoy yendo al trabajo.   나는 출근하는 중이야.

¿Qué estás diciendo?   너 무슨 소리 하는 거야?

회화문1

Oye, es mi cerveza. ¿Qué estás haciendo?

얘, 내 맥주야. 너 뭐하는 거야?

Ay, perdón. ¿Dónde está mi cerveza, entonces?

앗, 미안해. 내 맥주는 어디 있어 그러면?

Yo qué sé... Creo que estás borracho.

내가 어떻게 알아... 너 취한 것 같아.

¿Qué estás diciendo? Tranquila, estoy bien.

무슨 소리 하는 거야? 걱정 마, 나 괜찮아.

어휘

□ entonces 그러면　　□ yo qué sé 내가 어떻게 알아　　□ borracho 취한
□ el juguete 장난감　　□ el gato 고양이

회화문2

Hay muchos juguetes para gatos en tu casa. ¿Tienes gatos?

너네 집에 고양이를 위한 장난감이 많다. 고양이 있어?

Sí, tengo dos. Son muy bonitos.

응, 둘 있어. 매우 예뻐.

¿Dónde están? Yo también quiero tener gatos...

어디 있어? 나도 고양이 가지고 싶어...

Están durmiendo. Duermen muchísimo.

자는 중이야. 엄청 많이 자.

 이것만은 꼭!

⭐ 나 다 왔어!

¡Estoy llegando!

⭐ 우리는 여행하는 중이야.

Estamos viajando.

⭐ 너는 무슨 소리 하는 거야?

¿Qué estás diciendo?

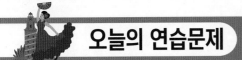
1 다음 동사들을 현재분사로 바꾸세요.

❶ cenar ▶ _____

❷ abrir ▶ _____

❸ seguir ▶ _____

2 다음 대화문의 빈칸에 들어갈 현재진행 동사변형을 적으세요.

A: ¿Qué (tú) ❶ _____ (hacer)?

B: ❷ _____ (ver) algo. ¿Y tú?

A: ❸ _____ (ir) al trabajo.

3 다음 질문에 대답으로 나올 수 <u>없는</u> 문장을 고르세요.

질문	¿Están buscando algo?

❶ Sí, estáis buscando algo.

❷ Sí, estamos buscando un cajero.

❸ No, estamos bien. Gracias.

❹ Sí, están buscando un cajero.

정답 ▶ p.254

문화 Plus

스페인과 중남미의 상징 동물

각 나라에는 그들의 자연환경과 문화적 유산을 대표하는 상징 동물들이 있어요. 이런 동물들은 그 나라의 생태계와 역사, 그리고 사람들의 삶에 깊이 뿌리내리고 있죠.

스페인과 중남미 국가들도 예외는 아니에요. 이 지역들에는 각 나라를 상징하는 특별한 동물들이 있는데, 대표적인 예시를 몇 가지 소개해 드릴게요!

스페인 황소	멕시코 황금독수리

우아하고 강인한 황소는 스페인의 투우 문화와 깊이 연관되어 있어요.	멕시코 국기에도 등장하는 이 독수리는 아즈텍 신화와 관련이 있어요.
아르헨티나 퓨마	페루 비쿠냐

잉카 문명에서 힘과 영성을 상징하는 퓨마는 아르헨티나 북서쪽에 서식해요.	'신이 내린 털'을 가진 비쿠냐는 페루 원주민들에게 소중히 여겨지고 있어요.

Capítulo **22**

Llevo dos meses aprendiendo español.
저는 스페인어 배운 지 두 달 됐어요.

오늘의 주제

✓ 현재분사 활용

오늘의 미션

✓ 나는 스페인어 배운 지 세 달 됐어.
✓ 우리 기다린 지 한 시간 됐어요.
✓ 나는 계속 널 생각하고 있어.

MP3 전체 듣기

Hombre, Manuel, ¡cuánto tiempo!
¿Qué tal? ¿Sigues viviendo en Málaga?

 Sí, sigo viviendo aquí.
Ya llevo un año viviendo aquí, en Málaga.

 Guau. El tiempo pasa muy rápido.
¿Sigues trabajando con Olivia?

 Sí, de hecho, somos novios. Llevamos un mes saliendo.

F 어머, 마누엘! 오랜만이다! 어떻게 지내? 계속 말라가에서
   살아?
M 응, 계속 여기 살아. 여기, 말라가에 산 지 벌써 1년 됐어.
F 와. 시간 정말 빠르다. 계속 올리비아랑 일해?
M 응, 사실, 우리 사귀어. 만난 지 한 달 됐어.

어휘

□ rápido 빠르게   □ de hecho 사실은
□ pensar en -를 생각하다   □ el minuto 분

회화 포인트

'시간 빨리 간다.'를 volar(날다) 동사를 이용해 이렇게 말할 수도 있어요. 'El tiempo vuela.' (시간이 날아간
다, 매우 빨리 간다.)

오늘의 핵심 표현

1 **현재분사 활용 (1) : ~한 지 ~됐다.**

llevar는 '가져가다'라는 뜻이지만 뒤에 기간과 현재분사를 넣으면 '~한 지 ~됐다'라는 구문으로 활용할 수 있어요.

> **llevar + 기간 + 현재분사**

¿Cuánto tiempo llevas aprendiendo español?	너는 스페인어 배운 지 얼마나 됐어?
Llevo dos meses aprendiendo español.	나는 스페인어 배운 지 두 달 됐어.
¿Cuánto tiempo llevas viviendo en España?	너는 스페인에 산 지 얼마나 됐어?
Llevo cinco años viviendo en España.	나는 스페인에 산 지 오 년 됐어.
¿Cuánto tiempo llevas esperando?	너는 기다린 지 얼마나 됐어?
Llevo treinta minutos esperando.	나는 기다린 지 삼십 분 됐어.

반대로 '~ 안 한 지 ~됐다'는 현재분사가 아닌 'sin 동사원형'을 넣어줘요.

Llevo una semana sin hacer ejercicio.	나는 운동 안 한 지 일주일 됐어요.
Llevamos un mes sin hablar.	우리는 말 안 한 지 한 달 됐어요.
Ellos llevan unos años sin venir aquí.	그들은 여기 안 온 지 몇 년 됐어요.

② 현재분사 활용 (2) : 계속 ~하고 있다.

seguir는 '계속하다, 쫓다'라는 뜻이죠. 이 뒤에 현재분사를 넣으면 '계속 ~하고 있다'라는 구문이 돼요.

> **seguir + 현재분사**

¿Sigues aprendiendo español?	너는 계속 스페인어 배우고 있어?
Sí, sigo aprendiendo español.	응, 나는 계속 스페인어 배우고 있어.
Sigo pensando en ti.	나는 계속 널 생각하고 있어.
Seguimos esperando.	우리는 계속 기다리고 있어요.
El gato sigue durmiendo.	고양이는 계속 자는 중이에요.
¿Seguís paseando por el Parque Central?	너희는 계속 중앙공원 산책하고 있어?

반대로 '계속, 아직 ~못 하고 있다'는 현재분사가 아닌 'sin 동사원형'을 넣어줘요.

Sigo sin entender.	나는 아직 이해 못 했어요.
¿Sigues sin saber?	너는 아직 몰라?
Sigo sin saber de ella.	나는 아직 그녀의 소식을 몰라.

회화문1

Sigo sin entender. ¿Estás saliendo con Julia?

이해가 안 되네. 훌리아랑 만나는 중이라고?

Sí. Llevamos unos meses.

응. 우리 몇 달 됐어.

¡Pero Julia es mi mejor amiga!

근데 훌리아는 내 가장 친한 친구야!

¿No puedo salir con tu mejor amiga?

나는 너의 가장 친한 친구랑 만나면 안돼?

어휘

□ el tráfico 교통체증 □ la ciudad 도시

Perdón, perdón. Estoy llegando.

미안, 미안. 나 다 와 가.

No te creo. Llevo una hora esperando.

널 믿지 않아. 나 기다린 지 한 시간 됐어.

Es que hay mucho tráfico.

차가 많이 막혀서 그래.

Claro. En esta ciudad no hay metro, ¿no?

그렇겠지. 이 도시에 지하철은 없다, 그치?

이것만은 꼭!

★ 나는 스페인어 배운 지 세 달 됐어.

Llevo tres meses aprendiendo español.

★ 우리 기다린 지 한 시간 됐어요.

Llevamos una hora esperando.

★ 나는 계속 널 생각하고 있어.

Sigo pensando en ti.

1 다음 어휘를 스페인어로 적으세요.

❶ 사실은 ▶ _____

❷ 빠르게 ▶ _____

2 다음 한국어 문장들을 스페인어로 바꾸세요.

❶ 나는 스페인어 배운 지 두 달 됐어.

▶ _____

❷ 나는 계속 스페인어 배우고 있어.

▶ _____

3 한국어 뜻을 참고하여 다음 문자 빈칸에 들어갈 동사를 적으세요.

메시지	📶 ▮

Amiga,
친구야,

❶ _____ días esperando tu mensaje.
나 너의 메시지를 기다린 지 며칠 됐어.

❷ _____ sin saber nada de ti.
난 네 소식 아직 아무것도 모르네.

¿ ❸ _____ viviendo en Santiago?
계속 산티아고에 살고 있어?

¿Pasa algo?
무슨 일 있어?

정답 p.255

어휘 Plus

 스페인어로 다양한 동식물 관련 어휘를 말해 보세요.

el animal	동물	**la planta**	식물
el perro	개	**el árbol**	나무
el gato	고양이	**el cactus**	선인장
el conejo	토끼	**la flor**	꽃
el león	사자	**la rosa**	장미
el tigre	호랑이	**el girasol**	해바라기
el elefante	코끼리	**la tulipán**	튤립
el pájaro	새	**la lavanda**	라벤더

Capítulo

23

Te echo de menos.
너가 보고 싶어.

☰ **오늘의 주제**

✓ 직접 목적어
✓ 단수 직접 목적격 대명사

☰ **오늘의 미션**

✓ 내가 살게.
✓ 나는 그것을 알아.
✓ 나는 너를 그리워 해.

MP3 전체 듣기

¡Hola! ¿Qué tal?
¿Hoy también vas a pedir una hamburguesa?

¿Me recuerdas?
Pues, llevo una semana cenando aquí.

Lo sé. Te recuerdo. Yo te invito hoy.

No, tía, qué va.
Pues, si no tienes nada esta noche, ¿tomamos algo?

F	안녕, 어떻게 지내? 오늘도 햄버거 하나 시킬 거야?
M	나를 기억해? 음, 나 여기서 저녁 먹은 지 일주일 됐어.
F	그거 알아. 너를 기억해. 내가 오늘 살게.
M	아냐, 얘, 아냐. 음, 오늘 밤에 아무것도 없으면 한 잔 할까?

어휘

☐ pedir 주문하다
☐ cenar 저녁 먹다
☐ la hamburguesa 햄버거
☐ echar de menos 그리워하다

🎸 회화 포인트

tilde가 들어가지 않은 si는 '~라면/하면'이라는 의미를 가지고 있어요. 이렇게 tilde의 유무로 뜻이 달라지는 단어가 있으니 tilde가 들어가 있는 단어는 꼭 함께 외우세요!

오늘의 핵심 표현

1. 직접 목적어 : -을/를

Quiero un helado.	나는 아이스크림 하나를 원해.
Quiero a David.	나는 다빈을 사랑해.

¡OJO! 사람 목적어 앞에는 전치사 a를 붙여요.

2. 단수 직접 목적격 대명사

앞에서 언급된 직접 목적어는 반복하기 보다는 목적격 대명사로 바꾸어 말하는 것을 선호해요. 또한 목적어는 보통 동사 뒤에 적지만 목적격 대명사는 동사 앞에 써 줘요.

me	나를
te	너를
lo, la	그를, 그녀를, 당신을, 그것을

¿Quién quiere helado?	아이스크림 원하는 사람?
Yo quiero **un helado**.	나 아이스크림 하나 원해.
→ Yo lo quiero.	나 그것을 원해.

¿Quién quiere a David?	누가 다빈을 사랑해?
Yo quiero **a David**.	내가 다빈을 사랑해.
→ Yo lo quiero.	내가 그를 사랑해.

1, 2인칭 목적어는 '전치사 a + 사람'의 형태로 문장에 넣지 않고 꼭 목적격 대명사로 넣어줘요. 다만 목적어를 강조할 때는 목적격 대명사와 '전치사 a + 사람'의 형태를 둘 다 써 줄 수도 있어요.

¿Quién quiere a mí?

→ ¿Quién me quiere?   누가 나를 사랑해?

→ ¿Quién me quiere a mí?   누가 도대체 나를 사랑해?
                                              (다른 사람도 아니고 나를?)

Yo quiero a ti.

→ Yo te quiero.   내가 너를 사랑해.

→ Yo te quiero a ti.   나는 너를 사랑해.
                                              (다른 사람이 아니고 너를!)

Te entiendo.   나는 너를 이해해.

¿Me ves bien?   너는 나를 잘 봐?

Lo sé.   나는 그것을 알아.

Te echo de menos.   나는 너를 그리워 해.

오늘의 Plus+ 실전 회화

¿Por qué no sales con nadie?

너는 왜 아무도 안 만나?

¿Quién me quiere a mí? Soy gordo y feo.

누가 나를 좋아하겠어? 나는 뚱뚱하고 못생겼어.

¡Qué dices! Eres guapo. ¡Eres perfecto!

무슨 소리야! 넌 잘생겼어. 넌 완벽해!

Mira.... Yo... Te quiero...

저기... 나는... 너를 좋아해...

어휘		
□ perfecto 완벽한		□ la serie 드라마/시리즈

Oye, ¿tú ves la serie Vivir con permiso?

얘, 너 '허락 아래 살기' 드라마 봐?

No, no la veo. ¿Por qué?

아니, 나 그거 안 봐. 왜?

Está buenísima. La tienes que ver.

너무 재미있어. 너 그거 봐야 해.

Vale. La voy a ver ahora.

알겠어. 그거 지금 볼 거야.

이것만은 꼭!

★ 내가 살게.

Yo te invito.

★ 나는 그것을 알아.

Lo sé.

★ 나는 너를 그리워 해.

Te echo de menos.

오늘의 연습문제

1 다음 직접 목적격 대명사의 모든 한국어 뜻을 적으세요.

❶ te ▶ _____

❷ lo ▶ _____

❸ la ▶ _____

2 다음 대화문의 빈칸에 들어갈 목적격 대명사를 적으세요.

A: ¿Me quieres?

B: Claro, ❶ _____ quiero mucho.

A: ¿Dónde está Manuel?

B: No sé. No ❷ _____ veo.

3 다음 어휘들의 어순을 바르게 정렬하여 문장을 만드세요.

❶ entiendo   no   te

▶ _____

❷ menos   te   yo   de   echo

▶ _____

정답 p.255

제시된 우리말을 참고하여, 낱말 퍼즐 안에 숨어있는 10가지 단어를 찾아보세요.

Q	C	A	J	E	R	O	C	I	V
P	E	R	F	E	C	T	O	G	Q
U	J	A	H	Q	C	T	C	B	T
S	U	A	J	U	G	U	E	T	E
X	N	I	R	Á	P	I	D	O	M
T	T	M	P	M	D	W	X	P	A
S	O	S	M	B	H	D	Z	E	R
U	T	R	Á	F	I	C	O	D	I
E	N	T	O	N	C	E	S	I	D
C	I	U	D	A	D	P	X	R	O

❶ 남편	❻ 빠르게
❷ ATM	❼ 교통체증
❸ 함께	❽ 도시
❹ 그러면	❾ 주문하다
❺ 장난감	❿ 완벽한

정답 p.259

Capítulo 24

¿Nos puedes ayudar?

너 우리를 도와줄 수 있어?

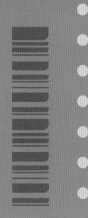

오늘의 주제

- ✔ 복수 직접 목적격 대명사
- ✔ 목적격 대명사의 위치

오늘의 미션

- ✔ 너 우리 도와줄 수 있어?
- ✔ 난 너희들을 팔로우 할 거야.
- ✔ 나는 그들을 기다리는 중이야.

MP3 전체 듣기

오늘의 회화

 ¿Pedimos un pastel de manzana?
Tiene muy buena pinta.

 Un momento. ¿Tiene manzana?
No puedo comer manzana.

 ¿No puedes comerla? ¿Por qué?

 Es que tengo alergia.
Pero si quieres comerlo... lo pedimos.

F 사과 케이크 시킬까? 정말 맛있어 보인다.
M 잠깐만. 사과가 들어 있어? 나 사과 못 먹어.
F 그거 못 먹어? 왜?
M 알레르기가 있거든. 근데 너가 그거 먹고 싶으면...
　 그거 시키자.

어휘	□ el pastel 케이크	□ la manzana 사과
	□ un momento 잠시만요	□ la alergia 알레르기

회화 포인트

상대방에게 기다려 달라는 '잠깐만! 잠시만요!'는 un momento. 라고 하면 돼요. 혹은 여기에 축소사 '-ito'를 넣어 un momentito. 라고 조금 더 애교 있게 말할 수도 있답니다.

오늘의 핵심 표현

1 직접 목적격 대명사

me	나를	nos	우리를
te	너를	os	너희를
lo, la	그를, 그녀를, 당신을, 그것을	los, las	그들을, 그녀들을, 당신들을, 그것들을

2 복수 직접 목적격 대명사

¿Ves mucho a tus padres?	너는 부모님을 많이 만나?
Sí, veo mucho **a mis padres**.	응, 나는 부모님을 많이 만나.
→ Sí, los veo mucho.	응, 나는 그들을 많이 만나.
¿Sigues a Semi y Paula?	너는 세미랑 파울라를 팔로우 해?
Sí, sigo **a Semi y Paula**.	응, 나는 세미랑 파울라를 팔로우 해.
→ Sí, las sigo.	응, 나는 그녀들을 팔로우 해.
¿Vas a comprar esos?	너는 그것들을 살 거야?
Sí, voy a comprar **estos**.	응, 나는 이것들을 살 거야.
→ Sí, los voy a comprar.	응, 나는 이것들을 살 거야.

3 목적격 대명사의 위치

❶ 동사 앞

¿Comes **manzana**?	너는 사과를 먹어?
Sí, la como.	응, 나는 그거 먹어.

❷ 동사 뒤

아래 두 경우는 동사 뒤에 넣을 수도 있어요. 다만 뒤에 넣을 때는 마지막 단어인 동사원형이나 현재 분사와 대명사를 띄어 쓰지 않고 붙여 씁니다.

1) 동사가 원형으로 끝날 때

La voy a comer.	나는 그것을 먹을 거야.
(= Voy a comerla.)	나는 그것을 먹을 거야.
No te puedo entender.	나는 너를 이해할 수 없어.
(=No puedo entenderte.)	나는 너를 이해할 수 없어.

2) 동사가 현재분사로 끝날 때

La estoy comiendo.	나는 그것을 먹는 중이야.
(= Estoy comiéndola.)	나는 그것을 먹는 중이야.

¡OJO! 1. 대명사를 뒤에 붙여 강세가 바뀌면 원래 강세가 있던 모음에 tilde를 넣어줘요.
　　　　 2. comiendo는 e에 강세가 있는데 대명사 la가 붙으면 강세가 do의 o로 바뀌니 la를 붙이는 순간 원래 동사의 강세인 e에 tilde를 넣어요.

Te estoy esperando.	나는 너를 기다리는 중이야.
(=Estoy esperándote.)	나는 너를 기다리는 중이야.

No puedo entenderlo. ¿Por qué tenemos que esperar?
그것을 이해할 수 없어요. 우리는 왜 기다려야 해요?

Porque sí. ¿No ve la fila?
왜냐하면 그래요. 줄 안 보여요?

Sí, la veo. Pero tenemos una reserva.
네, 그거 보여요. 근데 우리 예약 있어요.

¿Ah, sí? Ay, perdón, perdón. ¿A nombre de quién?
아, 그래요? 앗, 죄송해요, 죄송해요. 누구 이름으로요?

어휘

- □ la fila 줄
- □ volver 돌아오다
- □ la reserva 예약
- □ pronto 곧
- □ a nombre de quién 누구 이름으로?
- □ seguro 확실한

Te voy a echar de menos, ¿sabes?

나는 너를 보고 싶어 할 거야, 알아?

Tranquila. Voy a volver pronto.

걱정 마. 나 금방 돌아올 거야.

¿Seguro?

확실해?

Sí, seguro. No te voy a hacer esperar.

응, 확실해. 널 기다리게 하지 않을 거야.

이것만은 꼭!

★ 너 우리 도와줄 수 있어?

¿Nos puedes ayudar?

★ 난 너희들을 팔로우 할 거야.

Os voy a seguir.

★ 나는 그들을 기다리는 중이야.

Los estoy esperando.

1 다음 질문에 직접 목적격 대명사를 사용해 대답하세요.

❶ ¿Conoces a Ana y Rosa?　　　▶ Sí, _____

❷ ¿Nos sigues en Instagram?　　　▶ No, _____

❸ ¿Recuerdas a ellos?　　　▶ No, _____

2 다음 질문에 어울리는 대답을 고르세요.

❶ ¿Los puedes entender?　•　　　• a. No, no os puedo entender.

❷ ¿Nos puedes entender?　•　　　• b. Sí, los puedo entender.

3 다음 한국어 표현들을 스페인어로 바꾸세요.

❶ 잠시만요.

　▶ _____

❷ 확실해?

　▶ _____

정답 p.255

여행 Plus

세상에서 가장 긴 나라, 칠레

세계 지도를 펼쳤을 때, 가장 긴 나라로 눈에 띄는 곳이 바로 칠레예요. 칠레는 동서 너비가 평균 177km로 좁은 반면, 남북으로는 약 4,270km나 뻗어 있는 독특한 지리적 특징을 가지고 있어요. 덕분에 칠레에서는 다양한 기후와 경관을 경험할 수 있답니다.

우선 칠레 북쪽으로는 세계에서 가장 건조한 지역으로 알려진 아타카마 사막(Desierto de Atacama)이 있어요. 이곳은 1년 내내 비가 거의 내리지 않아, 마치 다른 행성에 온 것 같은 기분을 느낄 수 있죠. 아타카마 사막에서 가장 인기 있는 명소 중 하나는 '달의 계곡(Valle de la Luna)'입니다. 화성을 닮은 독특한 지형 덕분에 이곳에서의 선셋 투어는 매우 인기가 많아요. 또 천문학에 관심이 있는 사람이라면, 이곳에서 맑고 깨끗한 밤하늘을 바라보며 수많은 별들을 감상할 수 있어요.

중부 지역으로 내려오면, 수도 산티아고(Santiago)와 발파라이소(Valparaíso) 같은 도시들이 있어요. 이곳에서는 현대적인 도시 생활과 아름다운 해안 풍경을 동시에 즐길 수 있죠. 남미에서 가장 큰 도시인 산티아고는 남미 여행의 시작지로 유명하고, 알록달록한 집들로 꾸며진 발파라이소는 다채로운 색감으로 유명한 항구 도시예요.

마지막으로 남쪽으로 더 내려가면, 파타고니아(Patagonia)의 광활한 대자연이 펼쳐집니다. 파타고니아는 빙하, 산맥, 호수 등이 어우러져 있어 하이킹과 트레킹을 즐기기에 최적이에요. 특히 토레스 델 파이네(Torres del Paine) 국립공원은 세계적인 트레킹 코스로 유명해요. 이곳에서는 눈부신 산봉우리, 푸른 호수, 광활한 평원을 감상할 수 있답니다.

칠레 여행 TIP

칠레는 지역마다 기후가 크게 다르기 때문에 여행 준비 시 다양한 계절의 옷을 챙기는 것이 중요해요. 북쪽 사막지역은 연평균 16도로 따뜻하고, 중부지역은 여름엔 건기, 겨울엔 우기 시즌이 있어요. 빙하가 있는 남부는 연평균 기온이 9도랍니다.

Capítulo **25**

Te escribo.
너에게 문자 보낼게.

📑 오늘의 주제

- ✓ 간접 목적어
- ✓ 간접 목적격 대명사

📑 오늘의 미션

- ✓ 내가 너에게 문자할게.
- ✓ 너에게 무슨 일이야?
- ✓ 너는 나에게 냅킨을 줄 수 있어?

MP3 전체 듣기

¿Qué te pasa? ¿Por qué estás así? ¿Estás llorando?

 Ella no me escribe. No me llama.
¡Creo que ya no me quiere!

 Oye, tranquilo. Pero no te entiendo.
¿Quién no te escribe?

 ¡Mi mamá! Llevo 20 minutos esperando su mensaje.
La echo de menos...

F 너 무슨 일이야? 왜 그러고 있어? 우는 중이야?
M 그녀가 나에게 문자 안 해. 전화 안 해.
   이제 날 사랑하지 않나 봐!
F 얘, 진정해. 근데 난 널 이해할 수 없어.
   누가 너에게 문자를 안 해?
M 울 엄마! 그녀의 메시지 기다린지 20분 째야.
   그녀가 보고싶어...

어휘

□ tranquilo 침착해, 진정해, 걱정마
□ llamar 전화하다

□ el mensaje 메시지
□ la servilleta 냅킨

회화 포인트

Ya no. 이 두 단어를 함께 쓰면 '이제 아니야, 더이상 아니야'라는 표현이 돼요. ¿Sigues viviendo en Argentina? -Ya no. (너 계속 아르헨티나에 살고 있어? -이제 아니야.)

오늘의 핵심 표현

1 간접 목적어 : -에게

문장에서 '~에게'라고 해석되는 단어를 간접 목적어라고 해요.

Escribo **a mis padres**.	나는 부모님에게 문자해.
Voy a dar esto **a Sonia**.	나는 소니아에게 이거 줄 거야.
No voy a pedir nada **a mi novio**.	나는 남자친구에게 아무것도 요구하지 않을 거야.

2 간접 목적격 대명사

1, 2인칭은 직접 목적격 대명사와 형태가 같아요. 즉 me가 보이거나 들리면 '나를'일 수도 있고 '나에게'일 수도 있어요. 그 문장의 동사의 뜻, 문맥에 따라 해석하면 돼요.

me	나에게	nos	우리에게
te	너에게	os	너희에게
le	그에게, 그녀에게, 당신에게, 그것에게	les	그들에게, 그녀들에게, 당신들에게, 그것들에게

¿Escribes mucho a tus padres?	너는 부모님에게 많이 문자 드려?
Sí, escribo mucho **a mis padres**.	응, 나는 부모님에게 많이 문자 드려.
→ Sí, les escribo mucho.	응, 나는 그들에게 많이 문자 드려.
¿Vas a dar eso a Sonia?	너는 소니아에게 그거 줄 거야?
Sí, voy a dar esto **a Sonia**.	응, 나는 소니아에게 이거 줄 거야.
→ Sí, le voy a dar esto.	응, 나는 그녀에게 이거 줄 거야.

¿Qué vas a pedir **a tu novio** en tu cumpleaños?

너는 너의 생일에 너의 남자친구에게 무엇을 요구할 거야?

No le voy a pedir nada.
(=No voy a pedirle nada.)

나는 그에게 아무것도 요구하지 않을 거야.

📍**¡OJO!** 간접 목적격 대명사 역시 동사가 원형이나 현재분사로 끝나면 그 뒤에 붙일 수 있어요.

1, 2인칭 목적어는 'a + 사람'이 아닌 목적격 대명사로 사용해요.

Yo escribo ~~a ti~~.

→ Yo te escribo.

내가 너에게 문자할게.

Yo compro un pastel ~~a ti~~.

→ Yo te compro un pastel.

내가 너에게 케이크 하나 사 줄게.

Quiero regalar algo ~~a ti~~.

→ Te quiero regalar algo.

나는 너에게 무언가를 선물하고 싶어.

¿Puedes dar servilletas ~~a mí~~?

→ ¿Me puedes dar servilletas?

너는 나에게 냅킨을 줄 수 있어?

Hoy vamos a salir, ¿no? ¡Qué emoción!

우리 오늘 나갈 거지? 설렌다!

No sé... Es que estoy muy cansado hoy.

글쎄... 그게 내가 오늘 많이 피곤하거든.

¿Qué hacemos, entonces?

그럼 우리 어떡해?

Yo te escribo.

내가 너에게 문자할게.

□ más tarde 더 늦게/나중에
□ no te preocupes. 걱정 마.

¿No vas a llamar a tu novia?

너 여자친구에게 전화 안 할 거야?

Ahora no. Le voy a llamar más tarde.

지금은 아니야. 그녀에게 나중에 전화할 거야.

¿No está enfadada contigo?

너한테 화난 거 아니야?

Creo que sí. Pero no te preocupes.

Le voy a regalar algo.

그런 것 같아. 근데 걱정 마. 그녀에게 무언가 선물할 거야.

이것만은 꼭!

★ 내가 너에게 문자할게.

Te escribo.

★ 너에게 무슨 일이야?

¿Qué te pasa?

★ 너는 나에게 냅킨을 줄 수 있어?

¿Me puedes dar servilletas?

오늘의 연습문제

1 한국어 뜻에 맞는 목적격 대명사를 적으세요.

❶ 그에게

▶ _____

❷ 당신에게

▶ _____

❸ 당신들에게

▶ _____

2 다음 문장들 중 문법적으로 <u>틀린</u> 것을 고르세요.

❶ ¿Me puedes dar la cuenta?

❷ Tengo que llamar a vosotros.

❸ Les tengo que regalar algo.

❹ ¿Te pasa algo?

3 한국어 뜻을 참고해 각 문장에 어울리는 목적격 대명사를 골라 넣으세요.

보기					la las le les

❶ ¿_____ das la cuenta, por favor? 그녀에게 계산서 좀 줄래?

❷ ¿No _____ quieres? 너는 그녀들을 사랑하지 않아?

❸ _____ voy a escribir más tarde. 나는 그녀들에게 나중에 문자할 거야.

정답 p.255

쉬어가기 QUIZ

퀴즈 Plus

아래 가로 세로 낱말 퀴즈를 풀어 보세요!

	세로 열쇠		가로 열쇠
❶	전화하다	❸	사과
❷	메시지	❻	냅킨
❹	줄		
❺	알레르기		
❻	확실한		
❼	돌아오다		

정답 p.259

Capítulo 26

¿Me lo puedes pasar?

나에게 그것 좀 건네줄래?

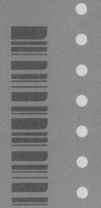

≡ 오늘의 주제

✓ 간접 + 직접 목적격 대명사

≡ 오늘의 미션

✓ 나에게 그것 좀 건네줄래?

✓ 내가 너에게 그것을 사 줄게.

✓ 나는 일을 그만 둘 거야.

MP3 전체 듣기

오늘의 회화

 ¿Puedes hablar bajito? ¿Ahora qué pasa? Estoy ocupada.

 Tengo mucho trabajo. No puedo más.
Voy a dejar el trabajo.

 ¿Vas a decir eso a tu jefe hoy?
Creo que no es buena idea...

 ¡Claro que no! No se lo voy a decir hoy.
Hoy es su cumple. No soy malo, ¿eh?

F 작게 말할 수 있어? 또 무슨 일이야? 나 바빠.
M 나 일이 너무 많아. 더는 못해. 일 그만둘 거야.
F 그거 상사한테 오늘 말할 거야? 좋은 생각 아닌
   것 같아.
M 당연히 아니지! 오늘 그에게 그거 안 말할 거야.
   오늘 그의 생일이잖아. 나 나쁜 애 아니거든?

어휘

□ dejar 그만두다
□ el pasaporte 여권

□ el azúcar 설탕
□ la flor 꽃

회화 포인트

¿Qué pasa?는 '무슨 일이야?'라는 질문이지만 여기에 ahora(지금)을 넣으면 '또 무슨 일인데?' 같은 뜻이
되기도 해요. 또한 ¿Ahora qué?만 쓰면 '이제 어쩌지?'라는 뜻이 됩니다. 짧지만 아주 유용한 표현들이니 외
워 두세요!

오늘의 핵심 표현

1 간접 + 직접 목적격 대명사

'나에게 그것을, 우리에게 그것들을' 등 간접 목적격 대명사와 직접 목적격 대명사가 함께 쓰일 때도 있어요. 이 때는 항상 간접 목적격 대명사를 먼저 씁니다.

간접 목적격 대명사	
me	nos
te	os
le	les

직접 목적격 대명사	
me	nos
te	os
lo, la	los, las

Necesito **azúcar**.

나는 설탕이 필요해.

¿Me lo puedes pasar?

나에게 그것 좀 건네줄래?

Tienes **mi pasaporte**.

너는 내 여권을 가지고 있어.

¿Me lo puedes dar?

나에게 그것 좀 줄래?

¿Quieres **esa casa**?

너는 그 집을 원해?

Tranquilo.Yo te la compro.

걱정 마. 내가 너에게 그것을 사 줄게.

¿Me puedes comprar **un café**?

너는 나에게 커피 한 잔을 사 줄 수 있어?

Sí, te lo puedo comprar.

응, 내가 너에게 그것을 사 줄 수 있어.

¿Me puedes comprar **una casa**?

너는 나에게 집 한 채를 사 줄 수 있어?

No, no te la puedo comprar.

아니, 너에게 그것을 사 줄 수 없어.

Ah, ¿**esta flor**?

~~Le~~ la voy a regalar.

→ Se la voy a regalar.

📍**¡OJO!** 3인칭끼리 만날 때는 le, les를 se로 바꿔요!

le / les + lo / la / los / las → se + lo / la / los / las

아, 이 꽃?

그녀에게 이것을 선물할 거야.

¿Puedes comprar **una casa a tu madre**?

Sí, ~~le~~ la puedo comprar.

→ Sí, se la puedo comprar.
   (=Sí, puedo comprársela.)

📍**¡OJO!** 대명사를 뒤에 붙여 강세가 바뀌면 원래 강세가 있던 모음에 tilde를 넣어줘요. comprar는 a에 강세가 있는데 대명사 sela가 붙으면 강세가 e로 바뀌니 sela를 붙이는 순간 원래 동사의 강세인 a에 tilde를 넣어요.

너는 어머니에게 집 한 채를 사 줄 수 있어?

응, 그녀에게 그것을 사 줄 수 있어.

회화문1

Eee... ¿Me lo puede dar?

음... 저에게 그것을 줄 수 있나요?

¿Cómo? ¿El qué?

예? 무엇을요?

¿Me puede dar mi pasaporte?

저에게 제 여권을 주실 수 있나요?

Ah, claro. Perdón, perdón. Aquí lo tiene.

아, 그럼요. 죄송해요, 죄송해요. 여기 있습니다.

어휘

□ ¿el qué? 무엇을?

Mira. ¿Esa no es la novia de tu amigo Javier?

얘. 저 여자 네 친구 하비에르의 여자친구 아니야?

Pues, sí. Pero está.... con.... un chico.

음, 맞아. 근데 어떤 남자랑 같이 있네...

¿Ya no está con Javier? ¿Se lo vas a decir a Javier?

하비에르랑 이제 안 만나? 하비에르한테 이거 말할 거야?

No, no se lo voy a decir.

아니, 그에게 이것을 말하지 않을 거야.

이것만은 꼭!

★ 나에게 그것 좀 건네줄래?

　¿Me lo/la puedes pasar?

★ 내가 너에게 그것을 사 줄게.

　Yo te lo/la compro.

★ 나는 일을 그만 둘 거야.

　Voy a dejar el trabajo.

1 다음 표현들을 보기처럼 목적격 대명사로 적으세요.

| 보기 | 나에게 그것을 → Me lo/la |

❶ 너에게 그것을 ▶ _____

❷ 우리에게 그것을 ▶ _____

❸ 너희에게 그것들을 ▶ _____

2 다음 질문의 대답에 들어갈 목적격 대명사를 적으세요.

❶ ¿Me vas a dar esa flor?   Sí, _____ _____ voy a dar.

❷ ¿Nos lo puedes pasar?   Sí, _____ _____ puedo pasar.

❸ ¿Quieres dar esto a tu novio?   No, no _____ _____ quiero dar.

3 다음 문장의 목적격 대명사를 보기처럼 동사 뒤로 위치를 바꾸세요.

| 보기 | Te lo puedo dar. → Puedo dártelo. |

❶ Se lo voy a regalar.

▶ _____

❷ Te lo estoy diciendo.

▶ _____

정답 p.255

스페인과 중남미의 축구 사랑

스페인과 중남미 사람들은 축구에 대한 열정이 어마어마해요. 축구를 통해 세대를 초월한 소통과 교류가 이루어지며, 축구의 승패와 상관없이 그 과정에서 얻는 기쁨과 슬픔을 함께 나누는 것이 자연스럽죠.

우선 스페인은 세계적으로 유명한 축구 리그인 라 리가(La Liga)의 본고장이에요. 전 세계 팬들을 보유하고 있는 명문 구단인 레알 마드리드와 FC 바르셀로나가 있죠. 특히, 레알 마드리드와 바르셀로나의 맞대결인 엘 클라시코(El Clásico)는 전 세계 축구 팬들의 이목을 끌어요. 스페인 사람들은 축구 경기를 보며 열정적으로 응원하고, 경기 후에는 그날의 경기에 대해 친구나 가족과 함께 이야기하며 즐거워해요.

중남미에서는 축구가 단순한 스포츠를 넘어 삶의 중요한 부분이에요. 브라질, 아르헨티나, 우루과이와 같은 나라들은 세계적인 축구 강국으로 손꼽히죠.

브라질은 명실상부한 축구 강국으로 월드컵에서 다섯 번 우승한 기록을 보유하고 있어요. 브라질 사람들은 거리에서, 해변에서, 어디서든 축구를 즐기는데, 축구는 바로 브라질의 국민 스포츠라고 할 수 있어요. 펠레, 호나우두, 네이마르와 같은 스타 선수들이 바로 브라질 출신입니다.

아르헨티나는 마라도나와 메시 같은 축구 전설을 배출한 나라예요. 아르헨티나 축구 리그는 남미에서 가장 역사가 깊고 유명한 리그 중 하나인데요, 부에노스 아이레스의 보카 주니어스와 리버 플레이트 간의 수페르클라시코(Superclásico)는 전 세계 축구 팬들의 이목을 끌며 엄청난 열기를 자랑해요.

우루과이는 인구가 적음에도 불구하고 월드컵에서 두 번이나 우승했고, 꾸준히 세계 축구 무대에서 강한 모습을 보여 주고 있어요. 이들의 열정은 남미 축구의 전통과 역사를 이어가고 있어요.

여러분들도 스페인과 중남미를 방문하면 축구 경기를 보면서 그들의 뜨거운 열정을 직접 느껴 보세요!

Capítulo **27**

Me gusta la carne.
저는 고기를 좋아해요.

☰ 오늘의 주제

　✓ gustar 동사

☰ 오늘의 미션

　✓ 나는 와인을 좋아해.
　✓ 소피아는 자는 것을 좋아해.
　✓ 나는 너를 좋아해.

MP3 전체 듣기

오늘의 회화

 ¿Quieres pedir carne? Soy vegetariana, amor.

 ¿Desde cuándo eres vegetariana?
Bueno, a mí me gusta la carne.

 ¡Desde ayer! No sabes nada de mí.
¡No me lo puedo creer!

 Vale, vale. Pedimos pimiento de padrón y patatas bravas.
¿Contenta?

F   고기를 시키고 싶어? 나 채식주의자야, 자기야.
M   언제부터 너 채식주의자야? 음, 나는 고기 좋아해.
F   어제부터! 넌 나에 대해 아무것도 몰라. 믿을 수가 없다!
M   알았어, 알았어. 삐미엔또 데 빠드론이랑 빠따따스 브라
    바스 시키자. 만족하지?

어휘	
□ el vegetariano 채식주의자	□ la carne 고기
□ desde ~부터	□ ayer 어제

회화 포인트

'믿을 수가 없어!' 스페인 사람들이 정말 많이 쓰는 'No me lo puedo creer.'라는 표현이 있어요. 여기 쓰인 동사는 우리가 아직 배우지 않은 creerse 동사로 이 문장의 me는 동사의 일부분이에요. 중남미에서는 creer 를 주로 사용하므로 'No lo puedo creer.'라고만 한답니다. 이 표현들도 통째로 외워 두세요!

오늘의 핵심 표현

1 gustar 동사

gustar 동사는 '좋아하다'라고 자연스럽게 해석하지만 본래 뜻은 '~에게 기쁨을 주다'예요. 지금까지 배운 동사들과 구조가 반대라 이 동사를 '역구조동사'라고 부르기도 해요.

❶ 형태

'나는 스페인어를 좋아해.'를 스페인어로는 '스페인어가 나에게 기쁨을 줘.'라고 얘기해야 해요.

나는 스페인어를 좋아해.	Yo gusto el español. (X)
스페인어가 나에게 기쁨을 줘.	→ El español me gusta.

※ 보통 주어인 el español을 동사 뒤로 도치시켜 사용

> Me gusta el español. (O)

따라서 좋아하는 사람은 간접 목적격 대명사로 gustar 동사 앞에 넣어주고 좋아하는 것/대상/행동은 주어로 gustar 동사 뒤에 넣어줘요.

A mí	me	gusta	el español
A ti	te	gusta	el español
A él	le	gusta	el español
A nosotros	nos	gusta	el español
A vosotros	os	gusta	el español
A ellos	les	gusta	el español

또한 강조나 정보 전달을 위해 목적어를 'a + 사람'의 형태로 간접 목적격 대명사 앞에 한 번 더 넣어 주기도 해요.

Me gusta la cerveza.	나 맥주를 좋아해. (맥주가 나에게 기쁨을 줘.)
A mí me gusta la cerveza.	나는 맥주를 좋아해. (상대방이 맥주를 좋아하지 않을 때)

A Rita le gusta la hamburguesa.

리타는 햄버거를 좋아해.

(햄버거가 리타에게 기쁨을 줘.)

📍**¡OJO!** Rita는 이 문장의 간접 목적어(리타에게)이니, 이름 앞에 전치사 a는 필수예요!

❷ 주어에 따른 동사 변화

좋아하는 것이 복수일 때 → 동사도 복수로!	Me gustan los tacos. 나는 타코를 좋아해. (타코들이 나에게 기쁨을 줘.)
좋아하는 것이 동사일 때 → 원형으로!	Me gusta comer. 나는 먹는 것을 좋아해. (먹는 것이 나에게 기쁨을 줘.)
좋아하는 것이 사람일 때 → 사람을 주어로 동사 변형!	Me gustas tú. 나는 너를 좋아해. (너가 나에게 기쁨을 줘.)

2 단골 실수 모음

~~Yo~~ me gusta el español. (X)

나는 스페인어를 좋아해.

→ Me gusta el español. (O)

📍**¡OJO!** 이 문장의 주어는 내가 아닌 el español이니 yo는 들어갈 수 없어요!

Me gusta español. (X)

나는 스페인어를 좋아해.

→ Me gusta el español. (O)

📍**¡OJO!** 주어인 español 앞에 정관사 필수예요.

Sofía le gusta el español. (X)

소피아는 스페인어를 좋아해.

→ A Sofía le gusta el español. (O)

📍**¡OJO!** Sofía는 이 문장의 간접 목적어(소피아에게)이니 이름 앞에 전치사 a가 필요해요.

오늘의 **Plus** 실전 회화

¿Te gusta viajar?

너 여행하는 거 좋아해?

¡Claro! Me gusta viajar. Me gusta conocer cosas nuevas.

그럼! 나 여행하는 거 좋아해. 나 새로운 것들 경험하는 거 좋아해.

A mí no me gusta viajar... Tengo miedo...

나는 여행하는 거 안 좋아해... 무서워...

¡Tienes que viajar conmigo! ¿Vamos a Corea estas vacaciones?

너는 나랑 여행해야 해! 이번 휴가에 우리 한국에 갈까?

어휘

□ las cosas nuevas 새로운 것들
□ las vacaciones 휴가/방학

□ el miedo 두려움

Me gustan las fiestas. ¡Qué emoción!

나 파티들 너무 좋아. 설렌다!

A mí no me gustan las fiestas...

나는 파티를 안 좋아해...

Entonces, ¿por qué vas a la fiesta hoy?

그럼 왜 오늘 파티 가?

Porque vas tú. ¡Me gustas tú!

왜냐하면 너가 가니까. 나 너 좋아해!

이것만은 꼭!

★ 나는 와인을 좋아해.

   Me gusta el vino.

★ 소피아는 자는 것을 좋아해.

   A Sofía le gusta dormir.

★ 나는 너를 좋아해.

   Me gustas tú.

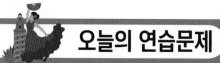

1 다음 문장들을 스페인어로 적으세요.

❶ 나는 커피를 좋아해.

▶ _____

❷ 너는 커피를 좋아해?

▶ _____

❸ Sebastián은 커피를 좋아해.

▶ _____

2 한국어 뜻을 참고하여 다음 대화문의 빈칸을 채우세요.

A: ¿Te ❶ _____ ❷ _____ niños?   너 아이들 좋아해?

B: Sí. Me ❸ _____.   응. 나 (아이들) 좋아해.

3 다음 중 문법적으로 올바른 문장을 고르세요.

❶ Me gusta hago ejercicio.

❷ Mi mamá le gusta el vino.

❸ No os gusta estudiar.

❹ Nos gustan salir.

정답 p.255

 스페인어로 다양한 취미, 스포츠 관련 어휘를 말해 보세요.

1. 취미 관련 어휘

la afición	취미	el viaje	여행
la lectura	독서	la música	음악
el cine	영화	la fotografía	사진 찍기
la pintura	그림 그리기	la cocina	요리

2. 스포츠 관련 어휘

el deporte	스포츠	la carrera	달리기
el fútbol	축구	el béisbol	야구
el baloncesto	농구	el voleibol	배구
la natación	수영	el tenis	테니스

Me gusta la natación.

Me gusta viajar.

Capítulo **28**

¡Me encanta!
완전 좋아!

오늘의 주제

✓ gustar 동사 활용

오늘의 미션

✓ 완전 좋아해!
✓ 많이 좋아하지 않아.
✓ 전혀 안 좋아해.

MP3 전체 듣기

오늘의 회화

 Está lloviendo mucho.
Vamos a comer sopa de kimchi.

 No me gusta mucho la comida picante.
¿No soy coreano, eh?

 No, tío. No pica mucho. ¿No quieres probarla?

 Bueno, sí. Me gusta probar cosas nuevas.

F 비가 많이 오고 있어. 우리 김치찌개 먹자.
M 난 매운 음식 많이 안 좋아해. 나 한국인 아니거든?
F 아니야, 친구야. 많이 안 매워. 그거 먹어 보고 싶지 않아?
M 음, 좋아. 나 새로운 것들 먹어 보는 거 좋아해.

어휘	
□ llover 비가 오다	□ picante 매운
□ picar 맵다	□ nuevo 새로운

회화 포인트

스페인어권 나라들은 매운 음식을 즐겨 먹지 않아요. 딱 한 군데만 빼고요. 바로 멕시코인데요! 멕시코 사람들은 우리만큼 혹은 우리보다 매운 걸 잘 먹어요. 길거리 타코 트럭에 나열된 소스들도 빨간 색이 아니어도 어마어마하게 매울 수 있으니 주의하세요!

1 gustar 동사 활용

❶ más

más는 동사인 gustar를 꾸며주기 때문에 꼭 동사 뒤에 넣어요.

Me gusta más el español.	나는 스페인어를 더 좋아해.

❷ para

para는 '~위해', nada는 '아무것도'이지만 두 단어가 합쳐지면 '전혀'라는 뜻이 돼요.

No me gusta para nada.	나는 전혀 안 좋아해.

❸ mucho

mucho 역시 동사인 gustar를 꾸며주기 때문에 꼭 동사 뒤에 넣어요. 혹은 '많은 기쁨을 주다'라는 encantar 동사를 사용할 수도 있어요. 역시 역구조동사이기 때문에 gustar와 똑같은 구조로 사용해요.

Me gusta mucho la comida picante.	나는 매운 음식을 많이 좋아해.
Me encanta la comida picante.	

📍iOJO! me encanta 는 이미 많이 좋아한다는 표현이므로 뒤에 mucho를 넣지 않아요.
예) Me encanta mucho. (X)

¿Te gusta dormir?	너는 자는 것을 좋아해?
Sí, me gusta mucho dormir.	응, 나는 자는 것을 많이 좋아해.
= Sí, me encanta dormir.	

¿A tu hermano no le gusta el pulpo?   너의 남자 형제는 문어를 안 좋아해?

No, no le gusta para nada.   아니, 전혀 안 좋아해.

¿Cuál te gusta más? ¿La cerveza o el vino?   너는 뭐가 더 좋아? 맥주 아니면 와인?

Me gusta más el vino.   나는 와인이 더 좋아.

2 좋아하는 정도 말하기

¿Te gusta la cerveza?   너는 맥주를 좋아해?

♥ ¡Me encanta!   완전 좋아해!

♥ Sí, me gusta.   응, 좋아해.

♡ No, no me gusta mucho.   아니, 많이 좋아하지 않아.

♡ No, no me gusta.   아니, 안 좋아해.

♡ No, no me gusta para nada.   아니, 전혀 안 좋아해.

회화문1

Ay, ¡qué rico! Me encanta estar en este sofá.

아, 너무 좋다! 이 소파에 있는 거 나 너무 좋아해.

Oye, llevas casi tres horas ahí.

얘, 너 거기 있은지 거의 세 시간 됐어.

¿Cuál es el problema? A mí me encanta pasar los findes en casa.

문제가 뭐야? 나는 집에서 주말들 보내는 거 완전 좋아해.

Pero hace muy buen tiempo hoy.

근데 오늘 날씨가 너무 좋아.

어휘	□ el sofá 소파	□ los findes 주말들(los fines de semana)
	□ el/la protagonista 주인공	□ egoísta 이기적인
	□ pobre 불쌍한	□ otro 다른

No me gusta para nada esta serie.

나는 이 시리즈물 전혀 안 좋아.

Jajaja. ¿Por qué?

하하하. 왜?

Porque el protagonista es muy egoísta. Pobre novia.

주인공이 너무 이기적이잖아. 불쌍한 여자친구.

A mí me gusta. ¿Vemos otra cosa, entonces?

나는 좋은데. 다른 거 볼까 그러면?

이것만은 꼭!

★ 완전 좋아해!

¡Me encanta!

★ 많이 좋아하지 않아.

No me gusta mucho.

★ 전혀 안 좋아해.

No me gusta para nada.

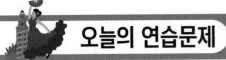

1 한국어 뜻을 참고하여 다음 문장들을 스페인어로 적으세요.

❶ 나는 많이 좋아해.

▶ _____

❷ 나는 더 좋아해.

▶ _____

❸ 나는 전혀 안 좋아해.

▶ _____

2 한국어 뜻을 참고하여 다음 대화문의 빈칸에 들어갈 단어를 적으세요.

A: ¿Te gusta viajar?   너 여행하는 거 좋아해?

B: Sí, ¡me ❶ _____!   응, 너무 좋아해!

A: ❷ _____ mí no me gusta mucho.   나는 많이 안 좋아해.

B: Lo sé. A ti te gusta ❸ _____ estar en casa.   그거 알아. 너는 집에 있는 거 더 좋아해.

3 다음 어휘들의 어순을 바르게 정렬하여 문장을 만드세요.

❶ gusta   el   me   mucho   zumo

▶ _____

❷ gusta   casa   no   en   me   descansar

▶ _____

정답 p.255

제시된 우리말을 참고하여, 낱말 퍼즐 안에 숨어있는 10가지 단어를 찾아보세요.

F	I	J	H	I	O	N	H	R	V
L	P	A	S	A	P	O	R	T	E
O	X	A	Y	E	R	Y	C	N	A
R	F	D	P	W	F	O	A	K	N
J	A	Z	Ú	C	A	R	R	I	P
S	L	K	P	M	M	Q	N	X	O
E	S	O	F	Á	R	I	E	K	T
R	A	P	O	B	R	E	E	W	R
I	J	S	C	E	I	H	U	D	O
E	H	W	Q	A	N	F	L	D	O

❶ 설탕	❻ 어제
❷ 여권	❼ 소파
❸ 꽃	❽ 드라마
❹ 두려움	❾ 불쌍한
❺ 고기	❿ 다른

정답 p.259

Capítulo 29

No he desayunado.
나 아침 못 먹었어.

오늘의 주제

- ✓ 현재완료
- ✓ 현재완료의 활용 ①

오늘의 미션

- ✓ 너는 오늘 뭐했어?
- ✓ 나는 이미 돈 냈어요.
- ✓ 나는 올해 스페인어 배웠어.

MP3 전체 듣기

오늘의 회화

 Oye, ¿has visto el golazo de Messi?
¡Qué golazo! Puff, ¡es un crack!

 Pues... No me gusta el fútbol.
Además, esta semana he estado ocupado.

 ¿No te gusta el fútbol? No me lo puedo creer.

 ¿Qué? Pesada. Tú estás loca por el fútbol, ¿sabes?

F 얘, 너 메시 골 봤어? 완전 골 대박! 후, 능력자야!
M 음... 나 축구 안 좋아해. 게다가 이번주에 바빴어.
F 너 축구 안 좋아해? 믿을 수가 없다.
M 뭐? 얘 봐라. 넌 축구에 미쳤어. 알아?

어휘

□ el gol 골
□ ya 이미, 벌써

□ volver 돌아가다, 돌아오다
□ todavía 아직

회화 포인트

어떤 분야든 능력이 뛰어난 사람을 보고 crack이라고 해요. 친구가 무언가를 잘 해내면 이렇게 말해 보세요.
Eres un crack. Eres una crack. (너 능력자야! 너 최고야!)

1 현재완료

스페인에서 가장 많이 쓰는 과거인 현재완료는 haber(있다) 동사를 조동사로 사용하여 주어가 누군지 알려주고, 뭘 했는지는 과거분사 형태로 넣어줘요. 과거분사는 -ar동사는 어미 자리에 ado, -er/ir 동사는 어미 자리에 ido를 넣어주면 돼요.

haber		과거분사		불규칙 과거분사
he				decir → dicho
has				hacer → hecho
ha	➕	-ar → ado		ver → visto
hemos		-er/-ir → ido		abrir → abierto
habéis				escribir → escrito
han				volver → vuelto

¡OJO! ado, ido로 바뀌지 않는 불규칙 과거분사에 주의하세요.

2 현재완료의 활용

❶ ~했다

¿Qué has hecho hoy?	너는 오늘 뭐했어?
He trabajado.	나는 일했어.
He estado todo el día en casa.	나는 하루 종일 집에 있었어.
Te he echado de menos.	나는 너를 그리워했어.

❷ ~했다 (이미, 아직)

'이미(ya) ~했다, 아직(todavía) ~안 했다'는 보통 현재완료로 이야기해요.

¿Ya has desayunado?   너는 이미 아침 먹었어?

Sí, ya he desayunado.   응, 나는 이미 아침 먹었어.

No, todavía no he desayunado.   아니, 나는 아직 아침 안 먹었어.

❸ ~했다 (이번에)

시간 부사에 이(este, esta, estos, estas)가 들어가면 보통 현재완료로 이야기해요.

este mes	이번 달	esta semana	이번 주
este año	올 해	estas vacaciones	이번 휴가/방학

¿Qué has hecho esta semana?   너는 이번 주에 뭐했어?

He invitado a unos amigos a mi casa.   나는 친구들 몇 명을 내 집으로 초대했어.

He dejado el trabajo.   나는 일을 그만 뒀어.

회화·문1

¿Todavía no has empezado a aprender español?
너 아직 스페인어 배우는 거 시작 안 했어?

No, todavía no he empezado.
아니, 아직 시작 안 했어.

¿Cómo? Tienes que tomar cursos de español en Siwonschool.
뭐라고? 너는 시원스쿨에서 스페인어 과정을 들어야 해.

Vale, vale. No te preocupes. El lunes que viene empiezo.
알았어, 알았어. 걱정 마. 다음 월요일에 시작할게.

 어휘

☐ empezar 시작하다 ☐ el curso 과정/수업 ☐ el lunes que viene 다음 월요일
☐ especial 특별한 ☐ subir 올리다

¿Qué has hecho estas vacaciones?

너 이번 휴가에 뭐했어?

No he hecho nada especial.

나 특별한 거 아무것도 안 했어.

Pero he visto muchas fotos tuyas en Instagram.

근데 인스타그램에서 너 사진 많이 봤는데.

Ah. Mi novia ha subido fotos. Hemos viajado a Japón.

아. 내 여자친구가 사진들 올렸어. 우리 일본으로 여행 갔다 왔어.

이것만은 꼭!

★ 너는 오늘 뭐했어?

¿Qué has hecho hoy?

★ 나는 이미 돈 냈어요.

Ya he pagado.

★ 나는 올해 스페인어 배웠어.

He aprendido español este año.

1 다음 동사들을 과거분사 형태로 바꾸세요.

❶ pedir ▶ _____

❷ entender ▶ _____

❸ llorar ▶ _____

2 다음 중 불규칙 과거분사가 <u>잘못</u> 연결된 것을 고르세요.

❶ hacer - hacho

❷ decir - dicho

❸ ver - visto

❹ escribir - escrito

3 다음 대화문의 빈칸에 들어갈 현재완료 동사변형을 적으세요.

A: ¿Cómo (tú) ❶ _____ (estado)?

B: Nada especial. ❷ _____ (trabajar) mucho. ¿Y tú?

A: Mi hijo ❸ _____ (volver) de Italia.

정답 p.256

여행 Plus

잉카 제국의 비밀을 품은 나라, 페루

페루는 고대 잉카 제국의 유적이 남아 있는 멋진 나라예요. 아마존 열대우림과 안데스 산맥 같은 아름다운 자연 경관이 가득하죠. 그 중에서도 마추픽추(Machu Picchu)는 정말 특별한 곳이에요.

마추픽추는 해발 2,400미터의 높은 곳에 위치해 있으며, 잉카 제국의 중요한 성지로 알려져 있어요. 1983년에는 세계 문화 유산으로 등록되었고, 매년 백만 명이 넘는 관광객이 이곳을 방문해 잉카 문명의 신비로움을 경험하고 있답니다. 마추픽추는 정말 아름답고 역사적인 의미가 큰 곳이라, 페루를 여행할 때 꼭 가 봐야 할 명소예요.

그리고 한때 잉카 제국의 수도였던 쿠스코(Cusco)는 풍부한 역사와 문화가 가득한 도시예요. 잘 보존된 잉카 유적과 스페인 식민지 시대의 건축물이 어우러져 있어 걷기만 해도 마치 시간 여행을 하는 듯한 기분을 느낄 수 있어요. 특히, 쿠스코 대성당과 잉카의 성전이라고 불리는 코리칸차(Coricancha)는 꼭 방문해 볼 만한 명소랍니다.

마지막으로 신비로운 나스카 라인(Líneas de Nazca)으로 유명한 나스카(Nazca)에서는 경비행기를 타고 땅에 그려진 신비로운 형태들을 감상할 수 있답니다.

고대 미스터리로 가득한 페루에서 특별한 경험을 해 보는 건 어떨까요~?

페루 여행 TIP

마추픽추는 인기가 많은 관광지라 입장권을 미리 예약하는 것이 중요해요. 특히 성수기(6월~8월)에는 미리 예약을 하지 않으면 입장하기 어려울 수 있으니, 여행 계획을 세우기 전에 온라인으로 예약해 두세요. 그리고 체력이 좋지 않거나 고산병에 민감한 사람은 방문 전 충분한 휴식을 취하고, 일정을 여유 있게 계획하세요.

Capítulo

30

Nunca he probado conejo.

저 토끼 안 먹어 봤어요.

오늘의 주제

✓ 현재완료의 활용 ②

오늘의 미션

✓ 너는 한국에 가 본 적 있어?
✓ 나는 토끼 여러 번 먹어 봤어.
✓ 나는 한번도 거기 가 본 적 없어.

MP3 전체 듣기

오늘의 회화

 Hola. ¿Me puedes ayudar?
Estoy buscando la terminal.

 No sé. Pero, ¿eres coreana?
Guau. ¡Me encanta Corea!

 ¿De verdad? ¿Alguna vez has estado en Corea?

 No, nunca. Pero quiero visitar.
¿Puedo tomar una foto contigo?

F 안녕. 나 좀 도와줄 수 있어? 나는 터미널을 찾는 중이야.
M 모르겠어. 근데 너 한국인이야? 와. 나 한국 너무 좋아해!
F 진짜? 한국에 가 본 적 있어?
M 아니, 한번도. 그런데 방문하고 싶어. 너랑 사진 하나 찍어도
   될까?

어휘

□ la terminal 터미널
□ probar 먹어 보다

□ visitar 방문하다
□ el extranjero 외국

회화 포인트

중남미에 가면 뜨거운 한류 열풍을 느낄 수 있어요. 한국인이라는 이유로 환영해 주는 사람들이나 같이 사진
을 찍자는 사람들이 많으니 놀라지 마시고 함께 즐겨 보세요!

오늘의 핵심 표현

1 현재완료의 활용 (2) : 해본 적 있다

'~해 본 적 있다'고 경험을 이야기할 때도 현재완료를 사용해요. 함께 쓰는 부사와 부사구들을 학습해 보세요.

alguna vez	언젠가 한번	una vez	한 번
dos veces	두 번	unas veces	몇 번
muchas veces	여러 번	nunca	한 번도

📍¡OJO! nunca는 '절대'라는 뜻으로 배웠지만 현재완료와 쓰일 때는 '단 한번도, 한번도'라고 해석하는 게 자연스러워요.

¿Alguna vez has probado conejo?　　　　　너는 토끼를 먹어 본 적 있어?

Sí, he probado conejo una vez.　　　　　응, 나는 토끼 한 번 먹어 본 적 있어.

📍¡OJO! alguna vez를 현재완료에서 질문할 때 쓰면 '언젠가 한번'이라는 뜻으로, 경험 유무를 물어보는 문장이 돼요. 보통 동사 앞이나 뒤에 넣어 사용해요.

¿Alguna vez has estado en México?　　　　너는 멕시코에 가 본 적 있어?

Sí, he estado en México dos veces.　　　　응, 나는 멕시코에 두 번 가 봤어.

¿Alguna vez has viajado al extranjero?　　너는 해외여행 가 본 적 있어?

Sí, he viajado al extranjero muchas veces.　응, 나는 해외여행 여러 번 가 봤어.

¿Alguna vez has dicho tacos?　　　　　너는 욕해 본 적 있어?

No, nunca he dicho tacos.　　　　　아니, 나는 한번도 욕해 본 적 없어.

¿Nunca habéis venido a mi casa?

너희 한 번도 우리 집 안 와 봤어?

Nunca nos has invitado a tu casa.

너 한 번도 우리를 너네 집에 초대한 적 없어.

Te lo he dicho muchas veces.

나 너에게 그거 여러 번 말했어.

No. Nunca hemos hablado de eso.

아니야. 우리는 그것에 대해 한 번도 이야기 한 적 없어.

¡OJO! 현재완료와 함께 사용하지 않는 시간 부사도 있어요. ayer(어제), pasado(지난), 정확한 날짜 등은 단순 과거라는 다른 과거 시제를 사용해요.

예) He reservado una mesa ayer. (X)   나는 어제 테이블 하나를 예약했어.
     Hemos salido juntos la semana pasada. (X)   우리는 지난주에 함께 놀았어.
     Él me ha llamado el 5 de julio. (X)   그는 7월 5일에 나에게 전화했어.

¡OJO! 스페인어의 과거시제는 여러 가지가 있고 상황에 따라 다른 과거를 사용해요. 왕초보 단계에서는 가장 많 이 쓰이는 현재완료 시제만 살펴보지만 다양한 과거가 있으니 중고급 스페인어도 꾸준히 배워 보세요!

현재완료	He comido.	나는 먹었어. 나는 먹어 본 적 있어.
단순과거	Comí.	나는 먹었어.
불완료과거	Comía.	나는 먹곤 했었어.

회화문1

Yo nunca he viajado sola. Tengo mucho miedo.
나 한 번도 혼자 여행 해 본 적 없어. 너무 무서워.

Tranquila. Te va a gustar.
걱정마. 좋아하게 될 거야.

¿Tú crees? ¿Por qué no vienes conmigo?
그렇게 생각해? 너 나랑 같이 가는 거 어때?

Porque... yo también tengo miedo. No hablo inglés...
왜냐면... 나도 무서워. 나 영어 못해...

어휘

□ dejar (연인을) 차다 □ últimamente 최근에
□ alguien 누군가

Carlos... Creo que no estamos bien...

까를로스... 우리 괜찮지 않은 것 같아...

¿Me estás dejando? Sé que no hemos estado bien últimamente pero...

헤어지자는 거야? 최근에 우리가 좋지 않았던 거 알아 근데...

Mira, he conocido a alguien...

그게, 나 새로운 사람 생겼어...

No... Eso es mentira...

아니야... 그건 거짓말이야...

이것만은 꼭!

★ 너는 한국에 가 본 적 있어?

　¿Alguna vez has ido a Corea?

★ 나는 토끼 여러 번 먹어 봤어.

　He comido conejo muchas veces.

★ 나는 한번도 거기 가 본 적 없어.

　Nunca he ido ahí.

오늘의 연습문제

1 다음 어휘를 스페인어로 적으세요.

❶ 한 번　　　　　　　　　　▶ _____

❷ 두 번　　　　　　　　　　▶ _____

❸ 여러 번　　　　　　　　　▶ _____

2 다음 한국어 문장들을 스페인어로 바꾸세요.

❶ 너 언젠가 한번 스페인 가 본 적 있어?

▶ _____

❷ 아니, 나는 한번도 스페인 가 본 적 없어.

▶ _____

3 한국어 뜻을 참고하여 다음 문자 빈칸에 들어갈 현재완료를 적으세요.

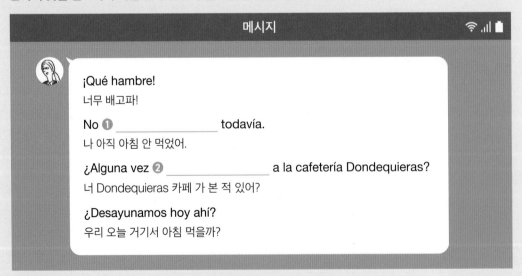

| 메시지 | 🛜 .ıl 🔋 |

¡Qué hambre!
너무 배고파!

No ❶ _____ todavía.
나 아직 아침 안 먹었어.

¿Alguna vez ❷ _____ a la cafetería Dondequieras?
너 Dondequieras 카페 가 본 적 있어?

¿Desayunamos hoy ahí?
우리 오늘 거기서 아침 먹을까?

정답 p.256

아래 가로 세로 낱말 퀴즈를 풀어 보세요!

세로 열쇠	가로 열쇠
❶ 시작하다	❸ 누군가
❷ 올리다	❹ 특별한
❺ 먹어보다	❺ 매운
❻ 아직	❼ ~부터

정답 p.259

연습문제 정답

Capítulo 01   p. 018

1. ❶ es
   ❷ son
   ❸ son
2. ❶ estar
   ❷ comida
3. ❶ Soy yo.
   ❷ ¿Eres tú?

Capítulo 02   p. 026

1. ②
2. ❶ 게다가
   ❷ 그래서
3. ❶ (Yo) estoy de vacaciones.
   ❷ (Yo) estoy de camino.
   ❸ (Yo) estoy de acuerdo.

Capítulo 03   p. 034

1. ❶ No hay problema.
   ❷ ¿Hay wifi?
2. ❶ mucha gente
   ❷ muchos coreanos
3. ❶ cinco
   ❷ seis
   ❸ siete

Capítulo 04   p. 042

1. ❶ b
   ❷ a
   ❸ c

2. ❶ una vez por semana
   ❷ un mes por año
3. ❶ Hay que pagar en efectivo.
   ❷ No hay que llorar.

Capítulo 05   p. 050

1. ❶ diecisiete
   ❷ treinta y ocho
   ❸ noventa y cuatro
2. ④
3. ❶ ¿Qué hora es?
   ❷ Es tarde.
   ❸ (Yo) voy/llego tarde.

Capítulo 06   p. 058

1. ❶ quinientos quince
   ❷ setecientos veintinueve
   ❸ novecientos sesenta y seis
2. ❶ Es un euro.
   ❷ Son diez dólares.
   ❸ Son mil pesos.
3. ①

Capítulo 07   p. 066

1. ❶ esta
   ❷ este
   ❸ estas
2. ❶ ese (혹은) aquel
   ❷ ese (혹은) aquel
3. ❶ ¿Cómo se llama este plato?
   ❷ Por libra.

Capítulo 08
p. 074

1. ❶ esta
   ❷ esa
   ❸ Esa
2. ②
3. ❶ Eso, sí.
   ❷ Esto no es vida.

Capítulo 09
p. 082

1. ❶ queremos
   ❷ queréis
   ❸ quieren
2. ❶ b
   ❷ a
3. ❶ (Yo) quiero algo dulce.
   ❷ (Yo) quiero algo picante.

Capítulo 10
p. 090

1. ❶ genial
   ❷ todavía
   ❸ (la) panadería
2. ④
3. ❶ ¿(Vosotros) queréis pagar?
   ❷ (Nosotros/as) queremos viajar a España.
   ❸ (Yo) no quiero ir al trabajo.

Capítulo 11
p. 098

1. ❶ tiene
   ❷ tenemos
   ❸ tenéis
2. ❶ a

❷ a
❸ b
3. ❶ ¡Tiene muy buena pinta!
   ❷ No tengo tiempo.

Capítulo 12
p. 106

1. ❶ (la) resaca
   ❷ (el) calor
   ❸ (el) frío
2. ❶ ¿Tienes mucha sed?
   ❷ Tengo un poco de sueño.
   ❸ Dani tiene treinta y un años.
3. ④

Capítulo 13
p. 114

1. ❶ esperar
   ❷ pasar
   ❸ limpiar
2. ❶ tienes que hacer
   ❷ Tengo que hacer
3. ❶ ¿(Yo) tengo que esperar?
   ❷ ¡Pasa!

Capítulo 14
p. 122

1. ❶ dicen
   ❷ decimos
2. ❶ ¿Qué dices (tú)?
   ❷ (Yo) te sigo.
   ❸ ¿(Tú) sigues con ella?
3. ❶ digo
   ❷ dices

Capítulo 22   p. 186

1. ❶ de hecho

   ❷ rápido

2. ❶ Llevo dos meses aprendiendo español.

   ❷ Sigo aprendiendo español.

3. ❶ llevo

   ❷ Sigo

   ❸ Sigues

Capítulo 23   p. 194

1. ❶ 너를

   ❷ 그를, 당신을, 그것을

   ❸ 그녀를, 당신을, 그것을

2. ❶ te

   ❷ lo

3. ❶ No te entiendo.

   ❷ Yo te echo de menos.

Capítulo 24   p. 202

1. ❶ las conozco.

   ❷ no os sigo.

   ❸ no los recuerdo.

2. ❶ b

   ❷ a

3. ❶ Un momento.

    (혹은) Un momentito.

   ❷ ¿Seguro?

Capítulo 25   p. 210

1. ❶ le

   ❷ le

   ❸ les

2. ②

3. ❶ Le

   ❷ las

   ❸ Les

Capítulo 26   p. 218

1. ❶ te lo/la

   ❷ nos lo/la

   ❸ os los/las

2. ❶ te la

   ❷ os lo

   ❸ se lo

3. ❶ Voy a regalárselo.

   ❷ Estoy diciéndotelo.

Capítulo 27   p. 226

1. ❶ Me gusta el café.

   ❷ ¿Te gusta el café?

   ❸ A Sebastián le gusta el café.

2. ❶ gustan

   ❷ los

   ❸ gustan

3. ③

Capítulo 28   p. 234

1. ❶ Me gusta mucho.

    (혹은) Me encanta.

   ❷ Me gusta más.

   ❸ No me gusta para nada.

2. ❶ encanta

   ❷ A

   ❸ más

3. ❶ Me gusta mucho el zumo.

 ❷ No me gusta descansar en casa.

Capítulo 29   p. 242

1. ❶ pedido

 ❷ entendido

 ❸ llorado

2. ①

3. ❶ has estado

 ❷ He trabajado

 ❸ ha vuelto

Capítulo 30   p. 250

1. ❶ una vez

 ❷ dos veces

 ❸ muchas veces

2. ❶ ¿Alguna vez has ido a España?

 (혹은) ¿Alguna vez has estado en España?

 ❷ No, nunca he ido a España.

 (혹은) No, nunca he estado en España.

3. ❶ he desayunado

 ❷ has ido

📍¡OJO! 시원스쿨 스페인어 사이트(spain.siwonschool. com)에서 연습문제 해석·해설 PDF를 무료로 확인해 보세요.

쉬어가기 Quiz 정답

Capítulo 03 p. 035

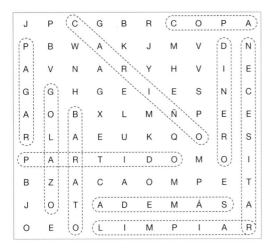

1. cariño	6. además
2. golazo	7. limpiar
3. partido	8. dinero
4. necesitar	9. copa
5. pagar	10. barato

Capítulo 08 p. 075

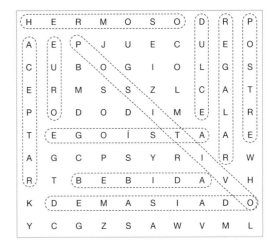

1. aceptar	6. postre
2. positivo	7. dulce
3. euro	8. bebida
4. hermoso	9. demasiado
5. regalar	10. egoísta

Capítulo 05 p. 051

Crossword puzzle:
- ❶ DESPUÉS
- ❷ PATTE / PA...
- ❸ D
- ❹ TRANQUILO
- ❺ VENGA
- ❻ DESCANSAR
- ❼ NOCHE
- ❽ EDIFICIO

(Down/across entries:)
- PA T T E
- DSFRUTAR
- NOCHE
- ENGA

Capítulo 10 p. 091

Crossword puzzle:
- ❷ TODAVÍA
- ❶ PICANT
- ❺ ALLÍ
- ❹ PESADO
- ❸ N
- ❻ PANADERÍA
- ❼ REVENTADO
- ❽ ABUELO

Capítulo 13 — p. 115

```
F  E  S  T  R  E  S  A  D  O
U  H  P  I  U  E  U  L  F  W
P  K  R  H  E  R  M  A  N  O
I  P  U  L  P  O  F  W  E  G
N  C  É  X  N  K  I  C  S  I
T  A  B  N  J  Ñ  N  A  P  P
A  Ñ  A  S  O  T  D  S  E  L
C  A  L  X  G  E  E  A  R  A
M  X  O  I  V  C  H  D  A  Z
B  V  L  X  P  B  I  O  R  A
```

1. pinta	6. pruébalo
2. hermano	7. esperar
3. casado	8. plaza
4. pulpo	9. finde
5. caña	10. estresado

Capítulo 18 — p. 155

```
N  U  N  C  A  O  L  K  I  A
E  D  F  L  V  P  F  Q  F  I
U  N  E  Q  A  E  E  Q  Y  D
T  T  S  C  I  N  V  L  I  Z
X  O  N  R  A  P  A  I  Z  O
L  C  A  Q  A  Y  K  F  R  M
E  A  D  R  W  D  U  W  D  A
N  R  I  O  K  T  A  N  S  G
T  R  E  S  P  E  T  O  A  M
O  C  F  A  P  U  I  Q  C  R
```

1. rosa	6. idioma
2. entrada	7. desayunar
3. tocar	8. venir
4. nunca	9. lento
5. nadie	10. respeto

Capítulo 15 — p. 131

```
                    ①O
                     F
      ④C  A  M  I  S  A          ⑤P  R  ②I  M  O
                     C                       N
                     I                       V
                     N          ③M           I
                  ⑥A  D  E  L  A  N  T  E
                     N                       A
                     T                       R
  ⑦B  U  E  N  Í  S  I  M  O
                     R
                  ⑧T  R  A  N  Q  U  I  L  O
```

Capítulo 20 — p. 171

```
                 ①T  E  M  P  R  ⑦A  N  O
                                  B
         ⑤F                 U             ⑧P
          U      ⑥C         R              E
      ②P  E  N  S  A  R      R              S
          R       R         I              A
          T       Á         D              D
          E      ③C  A  R  I  Ñ  O  S  O
                  T
              ④R  E  C  O  M  E  N  D  A  R
                  R
```

Capítulo 23 — p. 195

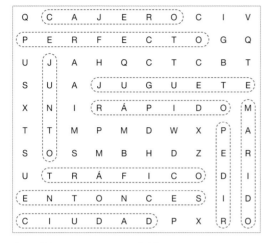

Q	C A J E R O	C	I	V
P E R F E C T O	G	Q
U	J	A	H	Q	C	T	C	B	T
S	U	A	J U G U E T E
X	N	I	R Á P I D O	M
T	T	M	P	M	D	W	X	P	A
S	O	S	M	B	H	D	Z	E	R
U	T R Á F I C O	D	I
E N T O N C E S	I	D
C I U D A D	P	X	R	O

1. marido
2. cajero
3. junto
4. entonces
5. juguete
6. rápido
7. tráfico
8. ciudad
9. pedir
10. perfecto

Capítulo 28 — p. 235

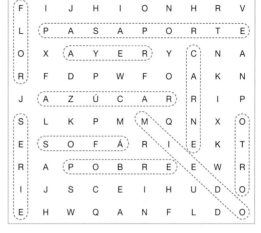

F	I	J	H	I	O	N	H	R	V
L	P A S A P O R T E
O	X	A Y E R	Y	C	N	A
R	F	D	P	W	F	O	A	K	N
J	A Z Ú C A R	R	I	P
S	L	K	P	M	M	Q	N	X	O
E	S O F Á	R	I	E	K	T
R	A	P O B R E	E	W	R
I	J	S	C	E	I	H	U	O
E	H	W	Q	A	N	F	L	D	O

1. azúcar
2. pasaporte
3. flor
4. miedo
5. carne
6. ayer
7. sofá
8. serie
9. pobre
10. otro

Capítulo 25 — p. 211

```
            ❶LL              ❷M
❸M A N Z A N A              E
            M      ❹F   ❺A   N
            Á      I    L    S
      ❻S E R ❼V   I    L    E   T A
        E      O    A    R    J
        G      L    G    E
        U      V    I
        R      E    A
        O      R
```

Capítulo 30 — p. 251

```
            ❶E              ❷S
            M   ❸A L G U I E N
            P        B
            ❹E S P E C I A L
            Z        R
❺P I C A N ❻T E
  R      R   O
  O      ❼D E S D E
  B      A
  A      V
  R      Í
         A
```

정답 **259**

MEMO